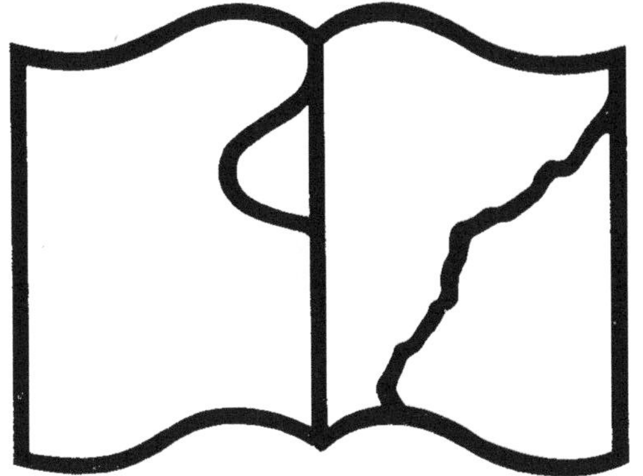

Texte détérioré — reliure défectueuse

NF Z 43-120-11

A
B

ARCHITECTURE RURALE ET COMMUNALE

PETITES MAISONS

DE PLAISANCE ET D'HABITATION

CHOISIES AUX ENVIRONS DE PARIS

ET DANS LES QUARTIERS NEUFS DE LA CAPITALE

PRÉSENTÉES

En Plan, Coupes, Élévations, détails de Décoration intérieure et extérieure, etc.,

gravés au trait d'après les dessins originaux de

MM. DUVAL, KAUFMANN, RENAUD

ET AUTRES ARCHITECTES.

Deuxième Édition.

PARIS

LIBRAIRIE D'ARCHITECTURE DE B. BANCE, ÉDITEUR

RUE BONAPARTE, 13, ANCIENNE RUE DES PETITS-AUGUSTINS

EN FACE DE L'ÉCOLE DES BEAUX-ARTS.

1853

Paris—Imprimerie Bonaventure et Ducessois, 55, quai des Grands-Augustins.

PETITES

MAISONS DE VILLE ET DE CAMPAGNE

PLANCHE I.

Cette maison, de 8 mètres de face sur 6 mètres 50 d'épaisseur, est la plus restreinte que l'on puisse désirer, et aussi la moins coûteuse à construire. Comme les quinze qui suivent, elle fait partie de cette série, aussi variée qu'intéressante, de maisons bâties par M. Charles Duval dans l'immense parc de Maisons-Laffitte, lieu de plaisance admirable, où les classes moyennes de la société parisienne vont à l'envi goûter les douceurs de la vie champêtre. Elle est en bois; deux pignons supportent la charpente du comble. Aux quatre angles du bâtiment sont des chaines en pierre, qui pourraient n'être que figurées si l'on voulait limiter davantage la dépense.

La principale face est décorée d'une niche avec un ajustement de fontaine, composé d'un dauphin jetant de l'eau dans une cuve circulaire en pierre. De chaque côté de cette niche sont deux croisées avec persiennes; dans le pignon, une croisée cintrée sert à éclairer une des chambres pratiquées dans le comble.

Le rez-de-chaussée se compose d'un très-petit vestibule, qui donne entrée à la salle à manger et à la cuisine, et d'un salon à deux croisées. La salle à manger a deux pans coupés; dans l'un se trouve la porte et dans l'autre le poêle. Le salon occupe la moitié de cet étage; sa forme, un peu longue, peut être corrigée par l'ameublement. Au besoin il pourrait servir de chambre à coucher. L'escalier qui conduit au comble est placé près de la cuisine, inconvénient peu grave dans une maison habitée par son propriétaire.

Dans le comble sont deux chambres, dont une à cheminée, puis un cabinet et deux greniers.

Cette planche présente, en outre des plans, coupe et élévation, la coupe sur une grande échelle de la petite niche servant de fontaine; le profil marqué A est celui de la corniche du salon; celui B appartient à celle de la salle à manger.

PLANCHE II.

Cette maison, un peu plus importante que la précédente, peut toutefois être construite sans beaucoup de dépense. Elle se compose d'un rez-de-chaussée et d'un premier étage surmonté d'un toit, formant pignon sur les côtés. Elle est isolée et supposée au milieu d'un jardin dont les arbres masquent en partie les faces latérales.

La porte d'entrée, placée sur un palier de six marches, est ornée d'un chambranle et d'une corniche supportée par deux consoles; mais les deux croisées parallèles sont seulement ajustées avec les refends qui décorent tout le rez-de-chaussée.

Les trois croisées du premier étage sont à chambranles et corniches. Pour la sûreté, il y a des persiennes aux portes et aux croisées. A la campagne, plus qu'à la ville, c'est une nécessité : on ne s'étonnera donc pas de retrouver si souvent cet accessoire dans les planches qui vont suivre. Aux quatre angles de cette maison il y a des espèces de pilastres décorés de refends dans la hauteur du rez-de-chaussée, et d'une moulure renfoncée dans la hauteur du premier étage, comme on le voit indiqué dans le profil en grand de la corniche A qui couronne ce bâtiment; B est le profil en grand de la porte d'entrée.

Le rez-de-chaussée se compose d'un vestibule, d'un salon à deux croisées, d'une salle à manger, un peu petite comparativement au salon, mais bien régulière; une porte, sur l'escalier, sert à faire le service de la cuisine; à droite du vestibule est un cabinet de travail sans cheminée.

Au premier étage sont trois chambres à coucher, dont deux à cheminées et cabinets de toilette; l'antichambre qui dégage toutes ces pièces est bien placée.

PLANCHE III.

Peut-être la décoration de cette maison est-elle un peu prétentieuse et manque-t-elle d'harmonie; du moins, la coquetterie de l'ajustement des cintres sculptés des croisées du premier étage nous semble en désaccord avec la gravité des refends du rez-de-chaussée. Dans les constructions ordinaires, rien d'inutile ne doit être admis, le nécessaire est déjà assez coûteux. Quoi qu'il en soit, cette maison est d'un aspect agréable.

Le rez-de-chaussée est élevé de 1 mètre 30 du sol, afin d'éviter l'humidité et d'éclairer convenablement l'étage demi-souterrain où sont placés les cuisines, les caves, les lieux communs, etc.

Un perron de huit marches, placé au centre de la façade, conduit au vestibule. A droite, l'escalier; à gauche, le cabinet de travail du maître; en face, le salon éclairé par deux belles croisées, et, parallèlement, la salle à manger, qui a une porte de dégagement sur le vestibule. Un escalier particulier pour les cuisines a aussi une entrée particulière sur la face latérale.

Le premier étage se compose de trois chambres à cheminée avec des entrées particulières; un cabinet à l'anglaise est placé près de l'escalier.

Le comble forme quatre croupes où sont pratiquées plusieurs petites chambres de domestiques.

La distribution de cette maison est très-commode; c'est un mérite propre à la plupart des conceptions de M. Duval.

Les détails figurés en grand sont : A, profil de la corniche ou entablement; B, bandeau du premier étage et refends du rez-de-chaussée; C, profil des croisées du second étage; D, profil de la corniche du salon.

PLANCHE IV.

Ce pavillon, de 12 mètres de face sur 12 mètres de profondeur, est destiné à occuper le centre d'un jardin. Sa décoration est régulière. Il se compose d'un étage demi-souterrain où sont les caves, cuisine et lieux; d'un rez-de-chaussée contenant, outre le vestibule et l'escalier, trois chambres à coucher, la salle à manger et le salon desservis par un couloir; enfin d'un comble à quatre croupes, dans lequel sont pratiquées des chambres de domestiques. Comme cette ouverture laisse peu de place, on a établi une grande lucarne sur la face principale, cette lucarne, un peu lourde, donne de l'importance au bâtiment et en agrandit l'aspect. Au mérite d'une distribution très-ingénieuse et fort commode, ce bâtiment réunit celui d'être d'une construction peu coûteuse. Les pièces en sont petites, mais nombreuses; dans certains cas ce peut être un mérite.

Les détails en grand figurés sur cette planche sont : A, la corniche ou entablement; B, les refends des pilastres simulés aux angles; C, balcons des croisées et de la lucarne.

PLANCHE V.

Voici une maison pour une personne qui aime la représentation; du moins les pièces du rez-de-chaussée sont-elles vastes et convenables à la réception. Sa construction en brique, le balcon couvert qui règne devant le salon et la salle à manger lui donnent un caractère moitié anglais, moitié français, qui est une nouveauté chez nous. A la campagne, une semblable terrasse a beaucoup d'attraits; on y jouit du tableau de la nature en même temps qu'on y respire l'air parfumé du parterre placé en avant.

Au premier, sont trois chambres à coucher avec cheminées et un boudoir où il en faudrait une si c'était une maison de ville. Les lieux communs sont près de l'escalier; ceux du maître, dans l'un des cabinets de sa chambre à coucher. Cette distribution est bonne et les communications partout faciles.

Le peu d'élévation donné au comble, formé de quatre croupes, ne laisse guère de place pour les besoins intérieurs. Aux quatre angles, des pilastres supportant des vases complètent la décoration de cette jolie habitation.

Les renvois de l'élévation aux détails en grand sont : A, profil de la corniche des croisées du rez-de-chaussée, qui est supportée par des consoles sculptées dont on montre l'une vue de face et de profil. Pour que les persiennes puissent s'ouvrir sans endommager les moulures, on a évité ici les chambranles; il eût été rationnel de supprimer les corniches, qu'on voit à peine, puisque la terrasse empêche de juger leur effet. B, balcon et couverture de la terrasse en avant du bâtiment.

PLANCHE VI.

Au premier aspect cette maison a quelque chose de bizarre, d'imprévu, de momentané. On croit y voir une première construction qui, devenue insuffisante, a été augmentée successivement par des artistes de sentiments différents. Cette construction première est le centre, au-dessous duquel règne un étage souterrain; puis sont venus les deux bas-côtés où sont placées la cuisine et la salle de bain; puis, au premier étage, à droite et à gauche du pavillon du milieu, les deux espèces de tentes servant de chambres à coucher. Si cet ensemble, conçu d'un seul jet, prête à la critique, il peut être utile pour donner des idées lorsqu'il sera nécessaire d'augmenter ou d'agrandir des bâtiments trop restreints. Dans cet exemple, le rez-de-chaussée est construit en mur, le premier étage en pan de bois. Le belvédère qui couronne le pavillon du milieu ne nous semble pas heureux, non plus que l'espèce d'auvent ou marquise placée sur la façade, car rien ne la motive, et son ajustement est pesant par rapport au reste de la décoration. L'auteur nous pardonnera, nous l'espérons, ces observations faites dans le seul intérêt de l'art.

Quant à sa distribution intérieure, cette maison ne mérite que des éloges. Les cheminées aux angles ont l'avantage de prêter à la décoration extérieure, et de ne point être un obstacle pour l'ouverture des fenêtres latérales des bâtiments isolés.

PLANCHE VII.

Cette maison se compose d'un seul étage, élevé sur un soubassement assez élevé. Un perron à double rampe conduit au rez-de-chaussée, qui se compose d'un vestibule, d'un salon, d'une salle à manger, et de trois chambres à coucher ayant cheminée, alcôve et cabinet. Le salon est un peu étroit, les chambres un peu petites. En donnant plus d'épaisseur au bâtiment on eût remédié à cet inconvénient; mais en architecture on ne fait pas toujours ce qu'on voudrait, la localité fait souvent la loi.

Sous le palier est une porte à deux vantaux conduisant dans les souterrains, où sont une cuisine, trois caves, une serre et des lieux communs non éclairés auprès du petit escalier desservant l'intérieur.

La façade ne manque pas d'éclat. Au milieu est un petit avant-corps décoré de deux ordres superposés, le dorique et l'ionique, surmontés d'un fronton triangulaire. Cet avant-corps sert de cadre à la porte d'entrée; celle-ci est cintrée et couronnée d'une espèce de fronton circulaire au milieu du fronton triangulaire. Aux deux côtés sont deux croisées semblables, séparées entre elles par un petit placage de deux pilastres doriques rappelant celui de l'avant-corps du milieu. Une niche circulaire, contenant un buste, complète cette décoration, qui est encadrée par des chaînes en pierre un peu massives; au-dessus règne un attique surmonté de vases cachant une partie du toit.

PLANCHE VIII.

Ce pavillon carré, isolé de toutes parts, se compose d'un rez-de-chaussée, d'un premier étage, d'un comble surmonté d'un petit belvédère, dont la décoration est formée par trois petites arcades surmontées d'un toit saillant. Le principal toit est aussi très-saillant, à l'instar de ceux de Florence, et cela afin de préserver les murs de l'humidité. Les trois croisées sont décorées par un tracé d'appareil, ainsi que les chaînes en pierre, factices ou réelles, fortifiant les quatre angles; le reste est supposé en meulière ou rocaillages. L'aspect général de cette façade ressemble un peu aux maisons anglaises, moins le belvédère, qui rappelle les maisons d'Italie.

Le rez de-chaussée est élevé sur un socle d'environ un mètre de hauteur. Les cuisines et dépendances sont dans les caves. Un petit perron, droit et à gradins, conduit à un petit vestibule précédant un assez beau salon. A droite, une salle à manger comparativement trop petite; à la suite, un escalier conduisant aux étages supérieurs; en parallèle, un cabinet, qui est si petit, qu'on a été obligé de placer la cheminée dans l'angle.

Le premier étage se compose : 1° D'une antichambre desservant trois chambres à coucher, dont deux avec alcôves; 2° de deux cabinets éclairés par des croisées, dont l'un est sans doute destiné aux lieux d'aisance.

La coupe, sur la même échelle que l'élévation, est prise sur le vestibule et le salon. Au-dessus du plan du rez-de-chaussée est le profil en grand de la corniche du salon; au-dessus du plan du premier étage est celui de la corniche de la salle à manger.

PLANCHE IX.

Cette maison convient à un petit propriétaire. Elle se compose d'un rez-de-chaussée et d'un premier étage surmonté d'un comble avec chaîneaux au pourtour. Pour décoration, des joints d'appareil sont figurés sur les murs du rez-de-chaussée.

Le rez-de-chaussée est élevé d'environ 1 mètre 10; on y monte par un perron droit, composé de six marches; au centre est le vestibule; à gauche, l'escalier conduisant au premier et descendant aux caves; en parallèle et à droite une cuisine, en face un salon régulier, et à gauche une salle à manger avec deux belles armoires.

Ce plan est très-régulier, celui du premier étage ne l'est pas moins; cependant on pourrait y désirer des cabinets.

PLANCHE X.

Cette maison est à l'instar des bows-indows américains. Elle est entourée d'un portique, supporté par de petits pilastres n'obstruant pas la vue et servant de promenoir ou galerie couverte, avec un petit balcon ou garde-fou, car il est élevé sur un soubassement d'environ 1 mètre. Cette galerie aurait pu servir de balcon au premier étage si on l'eût voulu.

Le premier étage, décoré en tente quand le rez-de-chaussée est solidement bâti en briques, ressemble à une superfétation, ou tout au moins à une construction de circonstance; les broderies de la tenture sont sur une trop grande échelle et font paraître la maison un peu petite. Néanmoins, au centre d'un jardin ou d'un parc et entourée de beaux percés, cette construction serait d'un effet pittoresque et d'une habitation fort agréable, car elle réunit à l'intérieur toutes les commodités de la vie.

PLANCHE XI.

Cette maison, en forme de chalet, avec ses petits pilastres rustiques supportant le toit saillant, et avec son revêtement en planches pour imiter les constructions suisses en pans de bois, a quelque chose de neuf, d'original, qui plaît à l'imagination. Pourquoi ces persiennes vulgaires, au rez-de-chaussée? Placé dans un lieu champêtre, au milieu d'une belle végétation, ce chalet, qui rappelle le cottage anglais, produirait l'effet le plus romantique. Sa construction, à Maisons-Laffitte, au dire de l'architecte, n'a pas dépassé 4,500 fr. quoique tout y soit bien établi.

Sa distribution intérieure est heureuse. A la suite du vestibule, auquel on arrive par trois marches, vient l'escalier; à droite, la salle à manger et le salon; à gauche la cuisine et une chambre à coucher, puis un cabinet bien éclairé derrière l'escalier.

Au premier, quatre chambres à coucher et une chambre de domestique; dans l'étage souterrain, les écuries, remise, cave et fournil. Il y a peut-être trop de dépendances pour une maison qui n'a de place que pour un domestique; mais ce qui est luxe pour une petite maison bourgeoise ne serait que le nécessaire pour une famille de cultivateurs.

PLANCHE XII.

Le plan de cette maison est un carré parfait d'environ 9 mètres. Elle a trois croisées sur chacune de ses façades; mais celles des faces latérales sont seulement figurées, à l'exception d'une qui sert à éclairer l'escalier et les lieux à l'anglaise.

Elle se compose d'un étage souterrain, s'élevant d'environ 0 mètre 30 au-dessus du sol, d'un rez-de-chaussée, d'un premier étage et d'un deuxième étage formant attique. Le comble est très-plat et couvert en zinc avec chéneaux au pourtour.

On monte au rez-de-chaussée par un perron de huit marches. A gauche du vestibule est l'escalier, à droite un cabinet, en face le salon éclairé par deux croisées, et à gauche du salon la salle à manger ayant une porte de sortie sur l'escalier. Ce petit plan est bien régulier et assez commode, seulement la salle à manger est un peu petite.

Le premier étage se compose de deux chambres à alcôve, ayant chacune leur cabinet de toilette; elles ont un dégagement par une antichambre éclairée de second jour. Dans l'angle un cabinet de travail dont la cheminée est placée dans le soubassement de la croisée. La porte d'entrée des lieux est dans l'antichambre ; ils sont bien éclairés et aérés.

Au deuxième étage est une petite salle de billard, un cabinet et deux petites chambres, dont une à cheminée, lieux à l'anglaise ; le tout lié avec l'escalier par un couloir de communication.

Le troisième est distribué en chambres de domestiques. Tout cela est fort commode.

Dans l'étage souterrain sont la cuisine, l'office et deux caves.

A droite du plan du rez-de-chaussée est le profil en grand de l'entablement A, couronnant le premier étage. A gauche le détail de l'appui B du premier étage et des refends ou chaînes en pierre des quatre angles. Le rez-de-chaussée est décoré de refends simples ; le premier étage et l'attique sont restés lisses.

La coupe, placée à côté de l'élévation et sur la même échelle, est prise sur la profondeur.

PLANCHE XIII.

Cette maison a environ 10 mètres carrés, elle diffère peu, quant au caractère, de celle dont nous venons de parler, seulement elle est décorée de niches, dans lesquelles sont placées des statues et des bustes.—La distribution intérieure en est également heureuse et peut convenir à beaucoup de personnes. L'escalier est un peu obscur.

A droite du plan du rez-de-chaussée est figuré en grand le profil A de la porte d'entrée; à gauche, en parallèle, le détail de la corniche de la salle à manger. La décoration de cette corniche est une frise composée de guirlandes séparées par des patères et encadrées de filets, de perles et d'oves, etc.

PLANCHE XIV.

Cette maison, qui est sans caves et n'a qu'un rez-de-chaussée et un étage pratiqué dans le comble, est la plus simple et la moins coûteuse qu'on puisse construire pour une habitation bourgeoise ; sa couverture forme deux pignons ; sur la face principale et la face opposée sont deux espèces de frontons formés par un comble saillant rappelant les couvertures des chalets suisses.

A l'intérieur rien de superflu. Au rez-de-chaussée, qui est sur-élevé de trois marches pour l'assainir, sont : la cuisine, ayant son entrée sur une face ; la salle à manger, ayant la sienne sur une autre face ; le salon, qui est éclairé de deux croisées ; enfin l'escalier conduisant au comble. Là est la chambre à coucher du maître, ayant cheminée et cabinet ; puis une seconde chambre à cheminée et une chambre de domestique. Les lieux sont près de l'escalier. Comme on le voit, cette maison convient à un ménage peu nombreux, à moins de faire du salon une chambre à coucher d'été. Mais pour un villageois exerçant une industrie, cette construction serait fort convenable.

Entre la coupe et l'élévation est le détail en grand du tuyau de cheminée A. Au-dessous, le profil B de la corniche du salon, et, plus bas C, celle de la salle à manger.

PLANCHE XV.

Ce petit bâtiment est presque carré (6 mètres sur une face et 7 mètres sur l'autre). Il se compose d'un étage de caves, dans lequel se trouvent la cuisine et les lieux ; d'un rez-de-chaussée élevé de six marches contenant la salle à manger et le salon ; d'un premier étage, où sont deux chambres à coucher ; enfin d'un grenier ; le tout desservi par un escalier montant de fond. Le jour n'y est introduit que par les façades principales, qui sont percées chacune, au premier, d'une croisée et de deux petits œils-de-bœuf masqués par des bustes posés sur des consoles, et, à rez-de-chaussée, par la porte seulement. Deux niches, destinées à recevoir des statues, complètent la décoration de ces façades. Un jour de souffrance, pratiqué derrière l'une des statues qui le masquerait, ne serait pas de trop pour l'escalier.

Le comble a deux égouts formant pignon sur les deux faces. Ses chevrons sont apparents et ont environ un mètre de saillie. Leur inclinaison ne permet guère d'autre couverture que la tuile creuse ou le zinc.

PLANCHE XVI A XX.

Maison isolée de toute part. A l'aide de cette maison, de 24 mètres de face et 20 de profondeur, ayant un étage et un attique au-dessus du rez-de-chaussée et des caves, nous développerons le système de construction employé le plus généralement dans les exemples précédents, par leur auteur, M. Ch. Duval.

La planche 16 donne d'abord l'élévation de la façade principale, qui est percée de trois baies au rez-de-chaussée, dont l'une servant de porte et deux de fenêtres, et, au premier comme à l'attique, de trois croisées fermées avec des persiennes. Sur les faces latérales, les croisées, tantôt feintes, tantôt vraies, vont deux par deux. La couverture est à l'italienne, avec un acrotère orné de balustres. La corniche a une astragale avec une frise, et les angles du bâtiment sont ornés d'espèces de pilastres qui les fortifient et les décorent tout à-la-fois. La porte au-dessus du perron, et les trois croisées du premier étage sont à chambranle avec frise et corniche ; les deux croisées du rez-de-chaussée sont seulement décorées de refends. Deux consoles sculptées supportent la corniche de la porte.

Au-dessous de l'élévation se trouve, à droite, le plan des caves et de l'escalier, demi-circulaire, qui monte de fond ; à gauche, le plan du rez-de-chaussée, contenant la cuisine, la salle à manger et un petit et un grand salon.

Au bas est le détail de maçonnerie du perron droit, de sept marches, qui précède le bâtiment ; il est présenté en coupe et en élévation.

La planche 17 contient la coupe du bâtiment, prise sur la profondeur ; elle fait voir la décoration du vestibule, du salon, et des chambres du premier et du second étage, ainsi que de la salle de billard. A droite et à gauche sont les détails et profils en grand des baies et des saillies du mur de face, tels que des chambranles, portes, croisées, des assemblages de menuiserie, etc. ; puis des planchers, des chéneaux, des divers profils des moulures, plinthes, etc.

Au-dessous sont les plans du premier et du second étage, occupés par des chambres et cabinets, et par une salle de billard assez belle, mais dont les croisées sont peut-être trop basses pour donner un jour favorable.

Une coupe des caves occupe le bas de la planche ; elle rend compte des étais nécessaires pour la construction des voûtes et de la disposition qu'on donne aux matériaux qui forment leur bâtisse.

La planche 18 est consacrée à faire connaître l'ensemble et les détails du pan de bois et de l'un des planchers. Le détail du pan de bois est pris sur la longueur; on y rend compte des sablières, des pannes, des poteaux, des décharges, etc. Les fermes des combles y sont également indiquées. Nous nous permettrons de signaler comme une faute la grande inclinaison des décharges, laquelle ôte de la force au lieu d'en donner.

Au-dessous de cette coupe et au milieu de la planche est un détail en grand de ce pan de bois, faisant voir les entailles, les mortaises et les tenons des poteaux, sablières, linteaux, potelets, tournisses et décharges.

A gauche de ce détail est la coupe du plancher, où l'on voit les solives, avec un détail de corniches. A droite, une autre coupe de plancher, représentant les lambourdes et le parquet, le linteau d'une croisée et une chaîne en fer avec son ancre.

Enfin, à droite de la coupe, et sur la même échelle, est un plan, sur lequel sont figurés les divers systèmes de planchers employés dans cette construction. Les bandes de trémie pour les cheminées y sont indiquées, ainsi que les fers nécessaires à leurs constructions, de même que les étriers soulageant les chevêtres. Une partie de ce plancher est établie d'après le système de solives d'enchevêtrure, qui a l'avantage de ne pas couper les murs.

La planche 19 complète les détails de charpente. Elle donne le plan du comble. Une moitié est indiquée avec les fermes, les arêtiers, les pannes et les sablières basses; l'autre moitié avec les chevrons en place. Au-dessous de ce comble est une coupe de l'escalier, avec son plan sur une plus grande échelle. Autour sont figurés, sur une échelle plus grande encore, les détails de l'escalier, tels que marches, barreaux, rampe, pilastre de départ, etc.

Planche 20. Détails de menuiserie. Au milieu est l'élévation de la porte à deux vantaux. A droite, une coupe verticale fait voir comment ses parties s'assemblent, et que d'un côté elle est à grands cadres pris dans le bois, et, de l'autre, à moulures rapportées. Au-dessous, le plan horizontal montre les assemblages des ébrasements, chambranles, contre-chambranles, dont les moulures sont sculptées, panneaux, etc., et le mode de ferrure de cette porte.

A gauche de cette porte est l'élévation d'une croisée, avec sa coupe verticale en grand, faisant connaître la forme et les assemblages des pièces d'appui, jets d'eau et petits bois, de la traverse et des dormants, etc.

Au-dessous est le plan de la croisée, avec ses volets et leurs chambranles; on y voit comment ils sont ferrés, ainsi que la croisée, qui est indiquée ouvrant à gueule de loup.

A droite de la porte est l'élévation d'une persienne, avec sa coupe en grand, montrant comment s'ajustent les lames et les traverses.

Au-dessous est le plan de cette même persienne, qui a un dormant posé dans les feuillures de la croisée.

La ferrure avec des fiches ne peut pas exister; il lui eût fallu des pommelles à gonds saillants, afin que la persienne puisse se développer par-dessus les chambranles.

PLANCHE XXI.

Cette maison, de ville et de campagne tout à la fois, existe à Compiègne, rue d'Angoulême. Elle est précédée et appuyée d'un petit jardin à l'anglaise. Son jour lui vient de trois côtés seulement : au rez-de-chaussée par trois croisées donnant sur la rue, par deux croisées et une porte donnant sur la face opposée et, du côté de l'entrée principale, par la porte placée au centre de la façade, entre deux niches contenant des statues. Au premier étage, elle a trois croisées sur la face d'entrée et deux seulement sur les faces latérales; mais, entre elles, au centre de chaque façade, une petite niche contenant une figure de ronde bosse rétablit la symétrie et l'eurythmie.

Le rez-de-chaussée est élevé de 0,80 cent. au-dessus du sol; on y arrive par un petit perron de cinq marches. Il se compose d'une antichambre, d'un escalier à droite, d'une cuisine à gauche, d'un salon en face, et d'une salle à manger à droite, ayant vue et sortie sur le jardin.

Au premier étage sont trois chambres à coucher, dont deux avec cheminée et cabinet ayant leur dégagement par un vestibule qui donne entrée aussi aux anglaises.

L'escalier est fermé par une porte, de manière à ce que le vestibule soit entièrement clos.

Comme l'indique la coupe placée à côté, cette élégante et jolie habitation a un étage souterrain pour les caves, serres, etc.

Le jardin est largement et artistement tracé. Un banc entouré de charmille en face du perron, une belle pelouse précédée d'une statue formant point de vue à la salle à manger, une salle de verdure et un bosquet placés aux angles opposés et liés par une belle allée circulaire, donnent à cette composition pittoresque un aspect en parfaite harmonie avec l'habitation.

PLANCHE XXII.

Cette planche donne les plans, coupe et élévation d'une maison de garde, située au milieu d'un parc.

Au rez-de-chaussée est un petit porche, supporté par quatre pilastres, placé en avant de la salle commune. A droite est la vacherie; à gauche, le four, et, derrière, l'escalier qui dessert la cave et l'étage supérieur. De la salle commune on descend dans un petit hangar, auquel sont adossés les lieux communs, un toit à porc, un poulailler, des cabanes à lapins.

Au premier étage est une chambre à deux lits, et une autre à cheminée avec un cabinet.

Cette maison est couverte par un toit très-plat, dont les chevrons et les pannes sont apparents.

PLANCHE XXIII.

Ce pavillon, qu'il faut supposer placé au milieu d'un parc, est d'une composition on ne peut plus aimable; il est un nouvel exemple qu'avec peu on arrive à bien quand le génie vient en aide. On y parvient par un perron à double rampe, orné de vases et d'une niche avec un petit bassin servant de fontaine.

Dans le soubassement sont une écurie, une étable et une petite resserre servant aussi de passage et communiquant à un hangar, au fond duquel est un petit bassin circulaire servant d'abreuvoir, et qui, par sa disposition et sa forme, rappelle celui de la fontaine du perron d'entrée.

Le premier étage se compose d'une antichambre, de deux chambres à coucher, ayant chacune un cabinet; un petit escalier conduit à une espèce de belvédère ou séchoir pratiqué au-dessus du comble.

La coupe, prise sur le centre des deux bassins, achève de faire comprendre cette jolie composition.

Au-dessus du plan du premier étage est le détail de la niche du perron avec son bassin et sa petite figure. Au-dessus du plan des combles et du séchoir est le détail de la porte du vestibule.

PLANCHE XXIV.

Cette planche sert d'introduction aux plans de jardins qui vont suivre.

La figure première représente une petite treille à l'italienne, ornée de niches avec statues; à son milieu est une porte cintrée fort convenable pour un jardin ; à droite, la coupe de cette treille.

La figure 2 représente une barrière de parc, dont le plan est indiqué au-dessous.

La figure 3 est un détail de porte de maison de campagne sur une petite route. Ses pilastres, en briques, sont couronnés par des vases de fleurs. Le mur qui les appuie est à refends.

La figure 4 donne l'élévation d'un petit motif de fontaine dans le genre italien. Il se compose d'une petite niche, avec bassin circulaire au-dessous et un terme tenant des vases dont l'eau se répand dans le bassin, de forme antique, placé en avant de la gaine.

La figure 5 représente une petite fontaine placée au bas d'un porche élevé de neuf marches au-dessus du sol, et donnant entrée à une galerie.

Dans un ouvrage consacré à la petite et moyenne propriété, il ne peut être question ni de ces grandes plantations qui accompagnent ou les palais royaux ou les châteaux des riches seigneurs, ni de ces vastes enclos où l'art peut prendre mille formes pour charmer et tromper l'œil en lui ménageant de vastes points de vue, en lui offrant le tableau de la riche et inépuisable nature dans toute sa beauté, dans toute sa variété. Nous serons modestes comme les habitants dont nous venons nous occuper ; l'*utile dulci* d'Horace sera notre précepte. A côté du parterre, du bosquet, du pré factice destinés à réjouir la vue, seront le potager, le verger nourricier. Dans nos cadres restreints, les lignes courbes, tortueuses, qui déguisent les distances, l'emporteront sur les lignes droites, qui arrivent trop vite au but. Les fabriques dont nous les enrichirons seront clair-semées, mais utiles : c'est l'être que de servir à protéger les fleurs, les plantes rares contre l'intempérie des saisons, à favoriser leur germination, leur maturité, ou à procurer un ombrage pittoresque, ou à couvrir un lieu de repos ou d'amusement, etc. Les jardins que nous donnons dans ce recueil sont la plupart dessinés sur une petite échelle, pour des terrains de peu d'étendue; leur composition étant bonne, on pourra grandir leur échelle selon le lieu où l'on voudra les établir. Quelques-uns sont de forme et nés de circonstances particulières; ce ne seront peut-être pas les moins utiles, car il n'est pas toujours facile de tirer un parti avantageux de certaines localités.

PLANCHE XXV.

N° 1. La maison d'habitation 1 est dans l'angle du terrain ; en face est un parterre 2, de forme elliptique, disposé pour recevoir des fleurs de diverses natures, de diverses hauteurs; de manière à former talus. Un banc circulaire 5, derrière lequel est une statue posée sur un piédestal, permet de jouir des agréments de ce parterre. A droite et à gauche, deux autres statues enrichissent encore ce lieu de prédilection. Le petit bois qui commence près de l'habitation et entoure l'enclos dont il dissimule l'exiguïté, est percé de plusieurs allées sinueuses conduisant aux salles de verdure 3; dans l'une est un pavillon 8. En face de l'aile en retraite du bâtiment d'habitation est une pièce de gazon 4, qui contient un rocher avec un petit étang glaisé 7, dont l'eau vient du puits 6.

N° 2. Ce petit jardin est celui de M. Crapelet, imprimeur à Paris. L'avenue 1 de grands arbres conduit aux ateliers 2 de l'imprimerie. Une treille à l'italienne règne en avant de ces ateliers. Entre l'imprimerie et l'habitation du maître 6, est une pièce de gazon 5, à l'angle de laquelle est un rocher d'où sort l'eau qui alimente le petit étang 4.

N° 3. Au centre d'une île, qu'il faut supposer avoir une certaine étendue, est l'habitation du maître 1, séparée du vieux château 2, devenu ferme d'exploitation, par une avenue 4 de grands arbres. Près du vieux château est le potager 3; non loin de là, une salle de verdure 6 ; en dehors des pièces d'eau 5 sont des prés, une petite île, une avenue, un banc couvert 7, un embarcadère 8. Cette disposition est fort belle.

N° 4. En face de l'avant-corps du milieu de la façade du château 1, règne un parterre régulier 2, flanqué de deux treilles à l'italienne 3, au bout desquelles sont deux piédestaux portant des statues. Ils sont reliés par une allée circulaire ayant à son milieu un banc placé dans un taillis. A droite et à gauche du parterre régulier sont des terrains plantés à l'anglaise, dont les allées sinueuses desservent les bosquets 4. Au bout opposé à l'habitation, est la salle de billard 5, précédée d'un beau promenoir 6.

PLANCHE XXVI.

N° 1. Jardin demi-régulier sur une assez grande étendue. Le château 1, ayant son entrée 16 précédée d'une avenue, réunit autour de lui tous les agréments de la vie champêtre. Sa cour 17 est en partie sablée en partie gazonnée. A gauche est la basse-cour 4, à droite les écuries et remises occupant deux côtés d'une cour spacieuse 5. Un potager 2, un parterre à fleurs 3, placés aux deux flancs du château, procurent à ses habitants de douces jouissances. Une avenue de grands arbres 6 conduisant à une salle ronde de verdure, un saut de loup 7 qui prolonge la vue et unit en quelque sorte la campagne voisine à la propriété, une belle salle de verdure 8, de laquelle on arrive au bâtiment 9, entouré d'arbres, qui contient le billard, et, par des allées sinueuses, à une salle verte, où est la balançoire, puis à un autre contenant un jeu de bague 10, puis à la pièce d'eau 11 et à son rocher d'accompagnement 12, font de cet enclos un lieu délicieux. Plusieurs constructions pittoresques contribuent à son agrément, entre autres, un petit temple 13, un pavillon chinois 14, un colombier ou volière 15, auxquels on arrive inopinément.

N° 2. Habitation d'artiste; terrain régulier. Une cour d'entrée 1 conduit, par une allée d'arbres fruitiers 2, à l'habitation du maître 3, qui est entourée d'une treille à l'italienne. A gauche de l'avenue est la basse-cour 4, avec ses bâtiments, trou à fumier, mare pour les canards, etc. A droite, le potager 5; il est divisé en plates-bandes tendant à un centre commun occupé par un bassin qu'alimente, à l'aide de conduits souterrains en fonte ou en terre cuite, le puits placé entre les arbres de l'avenue. A la proximité du potager et du parterre est la serre 6, et, un peu après, un corps de bâtiment 7, destiné à des logements d'amis. En face de l'habitation du maître est une belle pelouse, à l'extrémité de laquelle est un rocher 8. Dans l'angle à gauche est la salle de billard 9; en avant est un rocher 10 et une treille couverte 11, servant de promenoir. Le bâtiment 12 est le logement du jardinier.

PLANCHE XXVII.

N° 1. Dans cette fraction d'un grand parc l'eau joue un rôle important. On a mis à contribution la petite rivière qui le traverse pour obtenir la pièce d'eau 6, qui fait face au château 1, et au milieu de laquelle est une île ayant à son centre le petit temple 7, renfermant un beau salon. Ses bords sont parsemés de rochers couverts de plantes grimpantes, de végétations aquatiques, de fabriques pittoresques. D'un côté est un parterre de fleurs, auprès d'un bassin encastré dans une charmille, et d'une salle de verdure 8; puis une maison de pêcheur 9, derrière laquelle sont de petites dépendances et, plus loin, une salle de verdure ronde avec une construction d'agrément au milieu; de l'autre côté, un kiosque 11 placé sur une élévation. En se rapprochant du château est une petite fabrique 10, encadrée d'une plantation régulière, ornée d'une statue sur un piédestal. Une grotte souterraine 3, couverte de rochers et qui passe sous la terrasse 2, établit une communication particulière entre le château et le parc. Une des deux allées sinueuses et fourchues qui partent de la terrasse conduit au labyrinthe 4, puis à la treille 5, ayant vue sur un pré d'une certaine étendue. Cet ensemble ne manque assurément pas de charmes et mérite d'être étudié.

N° 2. Terrain régulier, site champêtre, réunissant l'utile à l'agréable. L'habitation du maître 1, précédée de ses dépendances 2 et communs, qui sont reliés par la cour 3, les écuries et remises 4, le jardin fleuriste 5, et, au côté opposé, par le potager, a été disposée dans un angle du terrain pour lui ménager un point de vue au loin d'un grand intérêt. En face est une pièce de gazon 6, au travers de laquelle serpente le ruisseau 14, qu'alimente le petit étang 15, provenant d'une source vive sortant du rocher placé à son extrémité et audessus duquel est une fabrique pittoresque. Le reste du terrain est occupé par une salle de billard 7, une treille à l'italienne 8, aboutissant à une terrasse 13, de laquelle on descend en pente douce à la balançoire 11, et, de là, à la salle de verdure 9, entourée d'une rangée d'arbres en rond. 12 est un petit pavillon, 10 le logement du jardinier.

N° 3. Dans cet emplacement long et étroit est une grande terrasse couverte d'une treille, faisant face au perron qui sert d'entrée à la propriété. Deux allées sinueuses conduisent à une salle de verdure, 3 à une volière 4, et à d'autres petites salles vertes.

PLANCHE XXVIII.

La grande habitation manufacturière ici figurée est la papeterie établie à Essone, il y a plus d'un demi-siècle, par Pierre-François Didot, imprimeur, père de Didot Saint-Léger, l'inventeur de ce papier sans fin, dit mécanique, qui devait opérer une si grande révolution dans l'une des principales branches de l'industrie européenne. C'est là que furent faits les premiers essais de cette fabrication malencontreuse. Depuis cette papeterie a été changée en foulon.

L'entrée 1 de la fabrique est sur la route, comme celle 5 de l'habitation du maître. Dans le carré formé par les bâtiments se trouvent, à droite de l'entrée 1, les écuries et remises 2, la basse-cour 3; à gauche, la chapelle 4, dont le portail, de style grec antique, est précédé d'une place demi-circulaire bordée de grands arbres. Le bâtiment principal s'avance, par son salon et sa salle à manger, sur le jardin; il a vu sur la rivière d'Essone, qui traverse la propriété et forme plusieurs îles couvertes de gras et riches pâturages et de fabriques pittoresques de bon goût. En avant est une vaste terrasse donnant sur la rivière : on y arrive de la route par l'avenue 5; de là on passe aux jardins, où tous les moyens de délassement et de distraction se trouvent réunis. Derrière l'habitation de maître est un beau promenoir 6, une salle de verdure ou bosquet 7, un grand potager 8, au bout duquel est une treille à l'italienne 11, semblable, mais moins considérable que celle qui longe la rivière sur la hauteur. En face des croisées du salon, au centre d'une grande pelouse, est une volière 9 circulaire et entourée d'eau et de fleurs; plus loin, comme point de vue, une belle serre-chaude. Derrière la grande treille 11 est une avenue d'arbres fruitiers conduisant à l'embarcadère 12, d'où l'on peut partir en toute saison pour explorer les nombreuses îles qui se rencontrent sur la rivière 13; car la rivière d'Essone est exempte de ces crues d'eau qui dévastent tout. Bernardin de Saint-Pierre habitait l'une de ces îles fortunées, asile formé exprès pour un ami de la nature champêtre.

PLANCHE XXIX.

N° 1. Jardin d'une maison de l'allée des Veuves, aux Champs-Élysées, appartenant à M. Bance aîné. Il était difficile de tirer un meilleur parti d'un terrain aussi long et aussi étroit et de mieux déguiser sa forme ingrate. L'entrée 1 de la cour 2 est sur l'avenue des Veuves; à droite et à gauche de cette cour sont les bâtiments d'habitation 3. De cette cour on descend un perron 4, qui conduit à des pièces de gazon 5, suivies d'un bosquet bien décoré au moyen duquel l'œil ne peut apercevoir l'étroitesse du terrain. En le tournant, on entre dans une jolie tonnelle de verdure 6, défiant les rayons du soleil. A la suite, est la partie potagère avec son puits; vient ensuite un petit labyrinthe, qui est terminé par un beau berceau de vigne 7. Sur le versant du monticule et dans l'angle du mur, est un reposoir de verdure 8 avec son banc. On ne peut trouver rien de plus joli, rien de plus coquet dans un aussi petit espace; l'utile et l'agréable, tout se trouve réuni dans ce lieu si restreint.

N° 2. Plan et élévation d'un pavillon formant serre-chaude.

N° 3. Entrée d'une glacière couverte en chaume et entourée de végétations qui l'abritent du soleil.

N° 4. Pavillon chinois construit sur une éminence.

PLANCHE XXX.

N° 1. Jardin public, réunissant les divers jeux et amusements qu'à prix d'argent on va chercher dans ces lieux de plaisir. On y trouve deux salles de danse, l'une couverte 1, pour les temps froids ou pluvieux, l'autre en plein air 2, pour les beaux jours d'été; son orchestre est au milieu. Entre les deux allées est un promenoir 3, en avant duquel est un café. Ce promenoir aboutit aux montagnes russes 4, ayant leur pavillon de départ et d'arrivée des chars. Au centre d'un bouquet de verdure 5, s'élève un pavillon circulaire, vitré en verre de couleurs. Dans une autre salle verte 6, est la balançoire; tout auprès le jeu de bague 7, en face d'un café restaurant 8. L'entrée du jardin est par la demi-lune 9. Dans un emplacement destiné à recevoir la foule, les percés doivent être larges, afin d'établir une communication aisée entre ses divers lieux d'amusement; c'est le propre de l'exemple ici gravé.

N° 2. Élévation d'une balançoire.

N° 3. Pavillon rustique pour un parc ou un grand jardin.

N° 4. Entrée de grotte en maçonnerie, avec treillis de verdure au-dessus.

PLANCHE XXXI.

En jetant les yeux sur ce petit plan, en forme de trapèze, on voit que la façade sur le jardin est prise sur la plus grande dimension, et la coupe sur la plus petite. Nous entrerons dans peu de détails sur cette composition, chaque pièce étant indiquée par son inscription; seulement on remarquera que la distribution en est commode et convenable, et qu'on a bien tiré parti de la forme du terrain.

Dans la façade, les étages sont séparés par un simple bandeau, et cette simplicité fait valoir les chambranles des fenêtres; cette sobriété d'ornements est de bon goût et devient de plus en plus rare dans nos habitations modernes. On remarquera également la forme en gradins donnée à la partie supérieure de l'aile du bâtiment : cette forme, motivée par l'absence du premier étage au-dessus de la salle à manger et de la cuisine, a été adoptée quelquefois pour des murs de clôture dans certaines maisons de campagne dont le terrain est en pente; elle a un effet pittoresque, que l'on peut encore embellir en plaçant à chaque gradin des vases de fleurs, ainsi qu'on le voit dans cet exemple.

Cette maison, sise à Montrouge, rue de la Santé, appartient à M. Vanderburg, paysagiste distingué, qui l'habite.

PLANCHE XXXII.

Cette petite maison, située au Petit-Montrouge, est plus régulière et d'un ensemble plus complet que la précédente; on y remarque avec plaisir la même simplicité et la même convenance dans la distribution et la proportion des différentes parties.

L'escalier se présente d'abord, chose essentielle, surtout dans une petite habitation où l'on ne trouve pas toujours à qui s'adresser pour les renseignements, et il lie d'une manière commode le rez-de-chaussée au premier étage. Toutes ces pièces, qu'on trouvera d'ailleurs notées sur la légende, son régulières et commodes. La façade, parfaitement symétrique, est flanquée de deux pilastres ou contre-forts qui la terminent avantageusement et satisfont l'œil et la solidité. En général, il n'y a ici rien de trop et il y a tout ce qu'il faut. C'est le plus bel éloge qu'on puisse faire d'un ouvrage d'architecture.

PLANCHE XXXIII.

Cette maison, rue Blanche, dont le plan est disposé d'une manière élégante, a aussi une façade dont la proportion générale et les profils ne sont pas à négliger. Les corniches et l'entablement supérieur surtout sont bien étudiés et contribuent à la grâce de l'ensemble.

Quant au plan, où un passage assez large communique à la cour et au jardin et sépare l'écurie et la remise du reste de l'habitation, toutes les parties en sont régulières et commodes, et reçoivent un double agrément du voisinage de la rue et du jardin.

En général, nous ferons observer ici, pour n'y plus revenir, que dans les planches précédentes, comme dans toutes celles qui vont suivre, la distribution intérieure est à peu près irréprochable. Ce genre de talent a toujours été la partie brillante des architectes français : nos maisons d'habitation de ville et de campagne, qui le cèdent ordinairement aux palais, aux casins des Italiens pour la pompe et le pittoresque des formes extérieures, leur sont supérieures pour l'élégance et la parfaite commodité des parties logeantes. Nous passons la plus grande partie de notre vie dans notre intérieur : c'est donc là que le luxe peut déployer tout son faste, afin de procurer au riche toutes les jouissances devenues nécessaires à son existence. De là mille difficultés à vaincre et surmontées si heureusement tous les jours par nos artistes, pour procurer aux appartements des dégagements ingénieux, une situation gaie et riante, leur ménager la lumière, de beaux aspects, en un mot réunir toutes les commodités nécessaires à la vie sédentaire, et tout cela dans le plus petit espace possible. Dans cette partie essentielle de l'art, les architectes français brillent depuis longtemps et ils ne semblent pas prêts à abdiquer de sitôt leur supériorité en ce genre.

PLANCHE XXXIV.

Cette planche contient les plans de trois étages et les élévations de deux façades d'une maison située près d'Auteuil, dont la disposition est agréable quoique irrégulière; elle porte bien le caractère d'une maison de campagne. Son style participe un peu des chalets suisses : l'escalier prend naissance au dehors; sa première révolution, en exhaussant un peu l'entresol, où se trouve la salle à manger, a permis de pratiquer au-dessous la cuisine, les offices, celliers, etc. Au sol du rez-de-chaussée est un salon montant de fond, servant en même temps de salle de billard. Le premier étage est distribué en chambres à coucher, cabinet de toilette, etc. Toute la masse du bâtiment est abritée par un grand toit, qui rappelle ceux qu'on trouve si souvent dans les fabriques de Florence et dont l'effet est si simple et si pittoresque.

PLANCHE XXXV.

On voit au premier coup d'œil que cette composition gracieuse est due à un talent exercé : toutes les parties en sont accusées avec précision, convenance et solidité : c'est ainsi que les bonnes, les fortes études se font sentir, même dans les productions les plus légères. Le plan, qui tient beaucoup de ceux de Palladio ou plutôt d'Inigo-Jones, son imitateur, se compose d'un corps principal et de deux ailes, et les mêmes parties sont fermement accusées en élévation, de sorte qu'on saisit d'abord l'ensemble total, pour ainsi dire, la charpente générale du bâtiment. Nous n'entrerons pas dans le détail de chaque pièce, dont la destination se trouve indiquée dans la légende à côté; mais nous ferons remarquer l'adresse de l'artiste qui fait entrer par un portique à trois entrecolonnements, de manière à sauver le placement irrégulier de la porte d'entrée. Ce portique est recouvert d'une toiture légère en métal, dite *marquise*, et peut au besoin servir de berceau de verdure et être recouvert de plantes grimpantes et de fleurs.

La toiture générale est bien entendue et s'adapte bien à chaque partie du bâtiment ; c'est une chose si rare qu'on doit la signaler lorsqu'un architecte intelligent en fournit l'occasion. Nous ferons aussi remarquer la symétrie avec laquelle sont placés les tuyaux de cheminée, car rien n'est à négliger en architecture, et c'est le privilége du bon goût de rendre agréables les choses utiles, et qui, au premier abord, ne paraissent pas susceptibles d'embellissement. Au Louvre, on voit des exemples de ce dernier genre de décoration ; les tuyaux de cheminées sont de la plus belle forme et richement sculptés, ce qui prouve que si l'on omet si souvent de tirer parti de ces accessoires pour contribuer à l'effet, à l'harmonie de l'ensemble, c'est par négligence quand ce n'est pas par défaut de talent.

PLANCHE XXXVI.

Si le plan précédent a de la ressemblance avec ceux d'Inigo-Jones, celui-ci rappelle beaucoup ces jolies petites maisons dont Serlio nous a laissé les dessins. Les deux étages sont parfaitement distribués : au rez-de-chaussée, la salle à manger ainsi que les deux salons s'ouvrent sur le jardin ; le plus grand salon occupe le milieu et est précédé d'un balcon, qui communique à un parterre au moyen d'un escalier en perron, orné de caisses et de vases de fleurs.

Le premier étage est remarquable par la régularité et la belle disposition des chambres à coucher et la commodité des dégagements ; les cheminées s'y trouvent placées symétriquement, ce qui aide toujours à la décoration, tant intérieure qu'extérieure.

L'architecte a cru devoir suivre, pour l'inclinaison de son toit, le système de l'angle droit. Nous pensons qu'une pente aussi rapide n'est pas nécessaire en France, si ce n'est dans les parties les plus septentrionales; cette pente devant être en rapport avec le climat, nous pouvons, sous notre latitude, nous contenter d'un angle plus ouvert, ainsi qu'on le fait presque toujours. Au surplus, le plus ou moins de raideur d'un toit ne diminue en rien le mérite d'une façade, et c'est ce qu'on voit ici, où le rapport des pleins avec les vides est heureux, et où toutes les parties sont traitées avec force et simplicité. Cette jolie maison de campagne a été construite, pour M. Boutmy, aux environs de Bourganeuf.

PLANCHE XXXVII.

Ce joli casin est situé à Meudon, près Paris. L'aspect en est riant, le style pur, toutes ses parties sont dans un heureux rapport; les proportions de la façade font surtout honneur à l'artiste qui l'a élevé. Dans le plan, l'escalier se présente en entrant et les dégagements conduisent, à droite et à gauche, dans les pièces principales, ainsi qu'on peut le voir par la légende placée à côté. Les deux ailes ne s'élèvent pas plus haut que le rez-de-chaussée et offrent deux terrasses précieuses dans la belle saison, étant entourées de verdure et de belles plantations. Le milieu monte seul, et dans la partie supérieure on a ménagé une fenêtre cintrée d'où la vue s'étend au loin. Tous les profils et les détails de ce casin sont étudiés avec soin.

PLANCHE XXXVIII.

Le plan de cette maison, située à Auteuil, a plus de mouvement que ceux qui précèdent. On y trouve d'abord, au rez-de-chaussée, une entrée demi-circulaire qui contient en partie l'escalier, derrière lequel est le vestibule desservant la salle à manger, la chambre à coucher de maître et le salon. Ce salon, de forme octogone, fait saillie sur le jardin ; il est d'un effet fort agréable, étant vitré sur trois de ses faces. Des cinq autres, l'une contient la cheminée; celle en face est occupée par une grande glace, les trois autres servent d'entrée et de communication avec la salle à manger et la chambre à coucher, pièces qui sont fort belles. La façade est bien en proportion, et sa décoration ne manque pas de fermeté. Le mur de face du premier étage est, comme cela devait être, interrompu au-dessus du vide du salon, mais le pan de bois formant avant-corps au premier étage, n'en est pas moins en porte-à-faux; cet inconvénient n'est pas aussi grave qu'il peut le paraître, la portée n'étant pas très-considérable, et une construction bien étendue établira, de fait, la solidité que l'œil cherche avec inquiétude. Le premier étage est parfaitement distribué; les trois chambres à coucher qu'il contient sont fort régulières et accompagnées des accessoires qui doivent les rendre commodes.

PLANCHES XXXIX ET XL.

La maison de campagne dont ces deux planches donnent les plans et les coupes existe près de Tulle. La marche de son plan d'ensemble est sage, régulière et convenable. Les proportions générales de l'élévation sont bonnes, les fenêtres d'un bon rapport et les profils bien étudiés. Le pavillon du milieu est flanqué de deux ailes qui contiennent des pièces d'agrément et d'utilité, telles que salle à manger, billard, bibliothèque, etc., communiquant avec le grand et le petit salon par une entrée autre que celle qu'elles ont sur le vestibule et une antichambre séparée. Nous avons dit précédemment que l'élévation du toit ne nuisait en rien à la beauté des façades : cet exemple le démontre; son comble a une hauteur qui n'est pas sans caractère et qui d'ailleurs est nécessaire dans le pays de montagnes où cette maison est située. Cependant les ailes en terrasse, malgré leur agrément pour les appartements du premier étage, ne semblent pas être aussi judicieusement garanties des effets d'un climat un peu rude que ne l'est le corps principal du bâtiment ; elles auraient pu recevoir une toiture : l'effet général eût perdu sans doute à cette addition, mais la bonne construction y eût gagné.

Le pavillon est carré et les angles sont fortifiés par des

pilastres ou contre-forts, qui arrêtent l'œil et donnent de la fermeté à l'ensemble. La partie faible de cette création architecturale est le belvédère, dont l'ajustement aurait pu être étudié avec plus de soin et être d'un meilleur goût, mais il est convenablement placé et son utilité ne saurait être douteuse.

PLANCHE XLI.

Cette maison, grande, commode et régulière, qu'en Italie on appellerait un palais, offre toutes les pièces nécessaires à l'habitation d'un riche particulier; et même plusieurs d'entre elles sont des objets de luxe qu'on ne trouve ordinairement que dans les habitations plus importantes, telles que salle de bain, de billard, etc. Un portique en constructions légères se présente en avant et sert à relier les parties du plan qui, au premier coup d'œil, paraît un peu démanché. Ce portique introduit dans un vestibule où se trouve l'escalier, qui est central et bien placé pour le service général des appartements. Ce plan, malgré ses défauts, a de l'effet et du mouvement, et les différentes parties saillantes ou en retraite, flanquées aux angles par des pilastres aux différents étages, lui donnent de la fermeté. La proportion générale de l'élévation est très-bien entendue, ainsi que le rapport des pleins et des vides; les fenêtres sont bien pour les longueurs, largeurs et profils, et la toiture qui couronne le tout est d'une pente modérée et d'une forme agréable. Quant au premier étage, il est distribué de manière à pouvoir servir de modèle en pareille circonstance.

PLANCHE XLII.

La beauté et la convenance de ce plan ne sauraient être contestées; le vestibule y est grand, l'escalier bien placé, les salons commodes. Le plus grand est surtout magnifique; sa saillie sur le jardin augmente beaucoup son agrément et sa clarté; il supporte, au premier étage, une très-belle chambre de maître, entourée de toutes les pièces nécessaires à l'habitation d'une famille opulente. Les fenêtres sont régulièrement percées, mais celles des angles du bâtiment, trop rapprochées et presque inutiles, paraissent nuire à la solidité de ces points, où l'on doit, au contraire, chercher à en donner beaucoup. En général, le plan est bien étudié et mérite des éloges; il n'en est pas de même de l'élévation. D'abord nous condamnerons les croisées du premier étage, d'un cintre surbaissé, ainsi que celles du rez-de-chaussée, couronnées de détails semi-gothiques empruntés à la première époque de la renaissance des arts; puis, à quoi servent ces tours crénelées, vaine image des castels du moyen-âge, qui n'ont tout au plus que la saillie du bas-relief, et ces créneaux qui ne servent pas même à masquer le toit, puisqu'ils ne règnent pas tout au pourtour? On a voulu évidemment jouer au château. Si les angles avaient besoin de recevoir une décoration plus ferme que le reste, au lieu de ces signes féodaux d'un passé suranné, l'architecte aurait pu, à dépense égale, y employer un appareil de refends bien ajustés ou d'autres ornements plus conformes à nos mœurs et au goût moderne.

Au surplus, le constructeur est souvent obligé de se plier aux fantaisies du propriétaire qui commande en maître et veut être obéi : gardons-nous donc de juger sur les formes légères et capricieuses de l'architecture d'habitation l'artiste instruit et ingénieux; c'est sur le terrain des monuments publics que nous l'appelons pour lui faire entendre une critique inflexible, ou lui donner des éloges sans réserve.

PLANCHE XLIII.

Dans un terrain très-resserré et sur un plan gracieux et d'une extrême simplicité, s'élève une façade élégante et riche. Ici les ornements ne sont pas prodigués et placés sans ordre et sans choix; des lisses, ménagées à propos, les font valoir, ce qui est le vrai secret de l'ajustement, surtout en architecture. Les étages sont bien divisés, et le premier ou bel étage y domine par les beaux détails dont il est enrichi; le soubassement, d'une fermeté remarquable, lui est bien subordonné ainsi que l'étage supérieur, ou attique, dont toutes les moulures sont sans broderies.

Si nous faisons remarquer ici la sobriété des ornements, ce n'est pas que nous condamnions absolument la sculpture dont on a coutume de tailler les membres d'architecture depuis quelques années, mais seulement pour en prévenir l'abus.

Ce petit palais rappelle ceux de Florence et de Vérone.

PLANCHES XLIV ET XLV.

Ces deux planches contiennent les plans et élévations d'une grande et belle maison construite à d'Ardancourt, dans le département de l'Eure. Sur un soubassement destiné aux pièces de service, comme cuisine, office, cellier, salle à manger des domestiques, lavoir, etc., on monte, par un escalier particulier, au rez-de-chaussée de l'habitation où sont les grands appartements. La régularité et l'ampleur de ces appartements, ainsi que la pompe avec laquelle se présentent le vestibule, le porche qui y introduit et le perron qui les précède, forment un ensemble d'une grande et noble disposition. Comme il convient à l'habitation d'une riche famille, le style et l'ordonnance grandiose des façades sont entièrement d'accord avec la belle marche du plan; le bon rapport entre les étages, la proportion des arcades d'entrée, comme de celles des fenêtres en général, ainsi que l'appareil des angles du bâtiment et la juste élévation de la toiture, surmontée d'une plate-forme en terrasse, ne peuvent que servir d'exemple à ceux qui auront à élever de grandes fabriques à la campagne, comme à tous les amateurs de la bonne et sage architecture.

PLANCHE XLVI.

Nous donnons ici tous les détails très-explicatifs d'une fabrique située près d'un lac, c'est-à-dire les plans du soubassement et du rez-de-chaussée, du premier étage et du comble, puis les élévations latérales et de face et une partie de la coupe. Le bon style et l'originalité sont les caractères particuliers de cet ouvrage, dont toutes les parties concourent à l'agrément comme à la commodité de l'habitation. Le soubassement est bien ajusté avec des bossages; l'escalier extérieur du côté du lac conduit au rez-de-chaussée, occupé par la cuisine, la salle à manger, le salon et l'escalier principal montant de fond. Les croisées larges, et peut-être d'une proportion un peu longue, distribuent la lumière dans toutes les parties du bâtiment dont les angles sont ornés de pilastres; enfin un vaste comble, à grande saillie, étend ses ailes protectrices sur toutes les parties de l'édifice. Les cheminées y sont aussi régulièrement placées.

Nous prendrons ici occasion de recommander ces toits saillants aux constructeurs chargés d'élever des fabriques ou des maisons rustiques: ils sont susceptibles d'être bien ajustés avec des consoles en bois ou en fer, et peuvent remplacer jusqu'à un certain point, dans nos climats pluvieux, les loges et les portiques, sans nuire à la clarté des intérieurs. Celui-ci forme une avance assez considérable pour abriter un balcon, d'autant plus utile au sommet de l'édifice, qu'il sert de belvédère et aussi à relier les ouvertures d'une salle de billard et d'autres pièces ou logements établis dans le comble.

PLANCHES XLVII ET XLVIII.

Maison à Château-Thierry. C'est une coutume très-salutaire que d'élever les édifices sur des soubassements, surtout quand ceux-ci sont assez hauts pour y pratiquer des pièces de service, éclairées par des soupiraux. Comme on le voit ici, les cuisines, offices, etc., y sont placées avantageusement, et le rez-de-chaussée se trouve, par ce moyen, assaini et dégagé de tout l'attirail du ménage et des domestiques. Les deux plans gravés au bas de la planche font voir, à l'aide des légendes, la distribution de l'un et de l'autre de ces étages; cette planche contient, en outre, la façade principale. Au premier coup d'œil, la masse en est agréable et bien proportionnée, les jours y sont bien disposés, et les trumeaux qui les séparent y sont assez larges pour satisfaire la vue et la bonne construction. Mais si l'on étudie les détails, on est moins satisfait; on est même peu disposé à louer le goût qui les a choisis. En effet, ces frontons sur corniches brisées, ces anses de paniers, ces voussures sans formes déterminées, ne paraissent appartenir à aucun siècle ni à aucun genre, et, quelle que soit l'exécution plus ou moins brillante de ces accessoires, ils ne pourront jamais éviter le reproche d'être bizarres. Voilà où conduit le désir de faire du nouveau, quand le goût et l'imagination ne nous secondent pas. Nous en dirons autant de la loge ou belvédère couronnant le faîte de la toiture : la masse est bonne, mais les ornements peu convenables. Nous pensons que là, aussi bien qu'au bel étage, on aurait pu se dispenser de mettre un pilier au milieu des faces.

La coupe et les deux autres plans sont bien entendus, quant à l'ensemble et à la distribution. La balustrade au-dessus de l'entablement principal, quoique inutile, n'est pas sans grâce; elle sert du moins à masquer le toit, cela peut jusqu'à un certain point le motiver.

PLANCHES XLIX ET L.

Voici vraiment un casin à l'italienne : il a toute la commodité d'une maison de ville et tout l'agrément d'une maison de campagne. Le plan en est simple et élégant : le vestibule qui donne entrée sur la rue, et dont on peut voir la décoration sage et pure sur la planche 50, l'escalier avantageusement placé et qu'on trouve sans hésiter, enfin le très-beau salon, ouvert sur le jardin par trois arcades et flanqué de deux pièces belles et régulières, l'antichambre et la salle à manger, forment un ensemble satisfaisant sous le rapport de l'art et de la convenance. On peut en dire autant de la distribution du premier étage, où se trouvent plusieurs belles chambres à coucher, avec tous leurs accessoires.

Si l'on passe à la façade, on y trouve également la main d'un artiste exercé et consciencieux. Les proportions générales et particulières des étages, des croisées, du comble, etc., sont ce qu'elles doivent être : on y reconnaît une étude des grands maîtres, mais sans imitation servile et en se conformant à nos usages et à notre temps. Les détails qu'on voit à côté, sur la planche 50, méritaient d'être rendus plus en grand; ils fourniront une preuve de tout ce que nous avançons sur le goût et le savoir de l'auteur de cet ouvrage; l'entablement des croisées est fort joli, et le couronnement des pilastres, sans être tout-à-fait neuf, est ajusté avec finesse et fermeté.

Le soubassement est aussi bien empaté, seulement on aurait pu arrêter davantage la forme des arcs, au moyen d'impostes, ou bien en accusant différemment l'appareil, ou en donnant plus de saillie aux bossages, toutes choses qui contribueraient à mieux asseoir l'aplomb des étages supérieurs, au moins pour l'aspect général.

PLANCHES LI ET LII.

On donne ici les plans et l'élévation d'une maison à loyers, située rue St-Lazare, et appartenant à M. Lefaure. Sur la rue, est une grande boutique avec arrière-boutique, etc., et, à côté, la porte cochère, sous le passage de laquelle est situé l'escalier, qui est avantageusement placé, et ajusté de manière qu'on peut descendre de voiture à couvert, avantage trop souvent négligé chez nous. Les voitures, ensuite, peuvent tourner dans une cour spacieuse, commune à deux propriétés mitoyennes. Toutes les parties du plan sont bien entendues et bien en rapport entre elles. Celui du premier étage indique la distribution des autres étages, et se recommande aussi par la sagesse et le goût de l'arrangement.

La façade de cette maison, donnant sur la rue, est très-riche depuis le haut jusqu'en bas, mais les ornements n'y sont pas prodigués confusément et sans jugement : il y a partout abondance et ordre, deux conditions essentielles de la beauté; tous les étages sont ornés de pilastres, et les fenêtres du premier sont cintrées. On pourrait observer que le rez-de-chaussée est d'une trop grande hauteur, si cette dimension n'était pas motivée par l'importance des magasins qu'il renferme; cela nuit au bel étage, qui paraît écrasé, et n'avoir pas, sous plancher, plus de hauteur qu'un grand entresol. D'ailleurs, lorsque les soubassements sont aussi élevés, l'escalier, s'il n'est dangereux, est au moins pénible, quelque douce que soit la pente de sa longue suite de marches.

Le quatrième étage, suivant l'usage récent adopté à Paris, est encore ici un étage important : les fortunes modérées ne craignent plus aujourd'hui de monter très-haut pour y trouver des logements clairs, aérés et décorés avec fraîcheur et élégance. Cet étage, en retraite, est en partie masqué par un grand balcon qui participe de la richesse de la façade.

PLANCHE LIII.

Maison à Chatou. Il n'y a rien à dire sur les plans : ils sont simples, commodément distribués, et s'expliquent d'eux-mêmes. Quant à la jolie façade qui en est le résultat, elle a un caractère de finesse et d'originalité qui plaît et qui dénote de l'étude. Elle se distingue par un style lombard qui participe des basiliques du moyen-âge. Mais ici l'architecte, ayant pris ce parti, l'a soutenu jusqu'au bout; ainsi les détails sont conformes à la masse totale, et les uns sont la conséquence de l'autre.

Nul doute que le caractère de ce petit bâtiment ne puisse s'appliquer à un édifice plus important, et même à un monument public; seulement il faudrait que la rotonde octogone qui le couronne, et qui n'est ici qu'une loge en léger appentis montât de fond, et fût soutenue par des appuis solides, afin qu'il n'y eût pas de porte-à-faux.

Cette rotonde se distingue bien en élévation, ainsi que l'escalier qui y conduit; leurs formes respectives, ou, si l'on veut, l'anatomie y est bien apparente et sensible à l'œil; le goût s'est chargé d'en revêtir les contours avec finesse et élégance.

Plusieurs des détails ont été rapportés à côté et dessinés plus en grand.

PLANCHE LIV.

Les exemples qui précèdent sont, comme on l'a vu, gradués d'importance et de richesse; nous donnons ici, comme dernier terme du luxe qu'on puisse développer dans une habitation civile, le plan d'une maison, ou plutôt d'un groupe de maisons, formant une propriété assez considérable, située dans la partie élevée d'un des beaux quartiers de Paris: l'entrée principale de cet hôtel donne sur la jolie place Saint-Georges, place circulaire et l'une des plus agréables de la Chaussée-d'Antin, ayant au centre une fontaine ou vasque dans laquelle l'eau jaillit continuellement.

Le terrain qu'il fallait distribuer est compris entre cette place et une rue courbe qui l'embrasse dans sa partie postérieure. L'auteur de cette composition a su utiliser toutes les parties, et jusqu'aux plus petits coins de son vaste emplacement, il l'a même régularisé, autant qu'il l'a pu, en plaçant, sur le devant et autour d'une cour carrée, les pièces les plus belles et les plus importantes, et en leur subordonnant toutes celles qui les avoisinent et leur sont nécessaires, comme: dégagements, cabinets, chambres secondaires, escaliers de service, etc., etc.

Cette difficulté du terrain était une hydre sans cesse renaissante que l'art avait à combattre partout et toujours, et dont il a fini par triompher. Il faut en convenir, nos architectes excellent dans l'art de tirer parti des localités les plus baroques et les plus anguleuses; on en voit ici un exemple fort remarquable, et on en trouverait une quantité d'autres si l'on jetait seulement un coup d'œil sur un grand plan de Paris; car ce labyrinthe immense, formé par des îles de maisons et coupé par tant de rues, présente de tous côtés des lignes brisées et des polygones irréguliers, partagés en lots, de forme bizarre, dont il faut savoir mettre à profit toutes les parties. Ces problèmes à résoudre, cette nécessité de vaincre à chaque instant des difficultés presque insurmontables, ont donné aux constructeurs une sûreté de coup d'œil et une sagacité ingénieuse qu'on ne rencontre guère ailleurs qu'à Paris.

Nous n'entrerons pas dans la description des parties de détail du plan d'ensemble, qui est sous nos yeux. La légende placée au-dessus de l'échelle en mètres indique l'usage de toutes les pièces composant les divers appartements complets qu'il renferme, au premier étage, avec toutes les dépendances que le luxe moderne a introduites et rendues indispensables aux habitations des riches. Aux étages supérieurs, les mêmes localités reproduisent, à peu de chose près, les mêmes combinaisons; c'est dire assez que cette espèce de palais public est le type par excellence, sous le rapport des commodités de la vie intérieure, de ces hôtels fastueux qui s'élèvent de toutes parts à Paris en ce moment, pour loger ces étrangers cosmopolites qu'on rencontre dans toutes les grandes capitales, ou ces riches rentiers, ennemis de toute possession au soleil qui pourrait donner la mesure de leur fortune ou contrarier leur amour de l'indépendance.

PLANCHES LV ET LVI.

Cette planche, double par sa dimension et son importance, contient l'élévation géométrale de la partie du plan précédent qui regarde la place St-Georges; cette façade est considérable dans son ensemble, et très-remarquable par ses détails. Ses étages sont dans un bon rapport et d'une hauteur convenable; en avant de celui en mansarde règne une balustrade dans toute la longueur, qui limite la façade d'une manière très-riche, et procure un agrément précieux à l'étage en retraite. Partout les profils sont purs, partout les corniches ont la plupart de leurs moulures taillées d'oves, de perles ou d'autres ornements courants.

Quoique symétriquement réparties, les fenêtres n'en sont cependant pas espacées également; mais cette irrégularité disparaît en partie au moyen d'une décoration de lignes et de compartiments, imaginée et ajustée à cet effet, et des deux avant-corps, ayant peu de saillie sur le nu du mur, placés aux deux extrémités de la façade. Enfin la surface des murailles est couverte, presque en totalité, par des frises, des mascarons, des grotesques, etc.; les pilastres sont remplis d'arabesques, et, jusqu'aux balustres, sont ciselés avec beaucoup de recherche et de dépense. Cette riche parure met cette maison, on pourrait dire cet édifice, au premier rang des ouvrages les plus soignés en ce genre, qui se multiplient chaque jour davantage à Paris.

En parcourant les rues nouvellement percées dans la ville, on ne peut s'empêcher de comparer la simplicité des anciennes fabriques avec le prodigieux amas de sculptures dont on charge actuellement nos maisons bourgeoises, même celles qui devraient être les plus modestes: ce ne sont que volutes, pierres taillées à facettes ou en pointes de diamants, spirales, fleurons et figurines, et l'on y voit même des parois en pierres couvertes de losanges, avec des rosaces imitant certaines étoffes, réminiscence puérile de quelques palais de Venise.

Il semble que de tout temps, en France, on se soit plus attaché aux colifichets qu'à la belle disposition des plans, qui est pourtant la vraie source de la beauté et de l'effet, en architecture. La Renaissance, qu'on invoque à tous moments pour faire passer tant d'inventions bizarres et monstrueuses, la Renaissance, qu'on y fasse bien attention, ne nous montre pas cette prodigalité d'ornements vagues et superflus; il y a chez elle, au contraire, arrangement méthodique et souvent simplicité: nous en appelons à la majeure partie des bâtiments d'Écouen, du Louvre, etc., aux palais du Bramante, de Balthazar Perruzzi, etc., et de tant d'autres. Pour trouver cette confusion indigeste d'enjolivements, il faut remonter plus haut, et observer les édifices gothiques des siècles voisins de la Renaissance, alors que l'architecture, surchargée de sculptures, parlait plus aux yeux qu'à l'esprit: c'est là qu'il y a absence de goût et de raison, et qu'on s'aperçoit que le caprice seul et la main plus ou moins adroite de l'ouvrier ont dirigé tout le travail, alors le spectateur est forcé de se rappeler cette ancienne sentence :

Tu n'as pas pu la faire belle, tu l'as faite riche.

Ces grands maîtres, qui, au XVe siècle, ont ramené l'architecture à des principes plus sages, n'étalaient pas d'abord sur la rue, et, pour ainsi dire, sous les pieds des passants, leurs formes les plus gracieuses et les plus délicates ; ils entendaient mieux l'effet : chez eux il y a progression, et l'intérêt va toujours en augmentant, condition de toute œuvre d'art bien raisonnée. Tant d'éclat, jeté au dehors, rend la décoration intérieure impossible. D'ailleurs les murs extérieurs d'un bâtiment sont rarement susceptibles de tant d'embellissements : ces figures, ces rinceaux, ces enroulements, ces feuillages contournés dans tous les sens, ces cartouches, etc., dont on les couvre, sont rarement exigés par le caractère de l'édifice ; pour les y placer, il faut avoir recours à cette architecture de bas-relief ou de placage que le dernier siècle a tant combattue et qui reparaît toujours, architecture bâtarde, qui n'est fondée ni sur la nature des choses, ni sur la construction intime, ni sur le bon goût.

Sans doute, chaque morceau pris isolément peut donner lieu à des louanges; on ne pourra s'empêcher d'en reconnaître le bel ajustement, la grâce, le fini de l'exécution. Répartis avec sobriété, de tels détails ont un grand charme; mais prodigués sans retenue à un domicile particulier, c'est un abus criant.

Au surplus, nous concevons très-bien que tout ce luxe de broderies à la mode a un effet bien capable d'éblouir la multitude qui ne s'attache qu'à la surface des objets, et qu'il n'est pas donné à tout artiste de se défendre de la séduction ; nous avouerons même qu'il faut tous les efforts d'une raison sévère et prévoyante pour aller au fond des choses, séparer le vrai du brillant, et s'opposer à un déréglement qui finirait par tout gâter.

Au résumé, ces réflexions générales que nous venons de nous permettre sur l'état de l'art moderne ne nous empêchent pas d'accorder, et de bon cœur, aux talents de l'auteur de la maison de la place Saint-Georges les louanges qu'il mérite; mais nous lui dirons, avec la même franchise, que la façade principale de son bâtiment semble être plutôt l'œuvre d'un sculpteur que d'un architecte. Ce n'est point ainsi qu'opéraient Jean Bullant et Jean Goujon.

PLANCHES LVII, LVIII ET LIX.

Les planches 57e et 58e sont remplies par des détails qui ne sont que le développement de ceux qu'on a vus sur la façade entière. On les a relevés et dessinés un peu grands et avec soin, pour qu'ils puissent être mieux appréciés, étudiés et reproduits au besoin ; la planche 58e surtout est remarquable par l'élégance et la sagesse de l'ajustement : on y voit qu'on a ménagé des repos qui, loin de nuire à la richesse de l'ensemble, contribuent à le faire briller. Chacun pouvant se rendre compte de la forme et de l'effet de ces ornements, nous ne nous étendrons pas davantage sur leur mérite ; nous ferons seulement observer que les courbes en anses de panier qu'on a employées dans cette décoration ne semblent pas d'accord avec les arcs en plein cintre qui les avoisinent, et qu'en particulier celles qui sont remplies par des tores de feuillages n'ayant que très-peu de saillie, et pas assez pour mettre à couvert même les balcons qui sont au-dessous, ne paraissent être là que comme une superfluité et un ornement postiche.

La porte cochère est d'un arrangement et d'une exécution admirables.

PLANCHE LX.

Nous terminons la série des planches consacrées à la maison de la place St-Georges par une vue perspective du vestibule d'entrée, vue sans laquelle on n'aurait pu se faire une idée de l'effet de cette pièce qui n'est pas exprimée dans le plan que nous avons donné, ce plan étant celui du premier étage des appartements.

Ce vestibule est très-riche, comme tout le reste du corps de logis; on y remarque une décoration ferme et bien entendue; son plafond est taillé de caissons, et les soffites des poutres intermédiaires sont embellis d'arabesques; les deux portes latérales, en plein cintre et surmontées de bustes, sont bien ajustées; elles paraissent néanmoins un peu longues auprès des pilastres doriques qui les accompagnent, et qui sont traités avec la fermeté qui convient à cet ordre. L'entrée de l'escalier est d'un bel aspect, et le compartiment même du pavé est digne de tout le reste.

PL. 1.

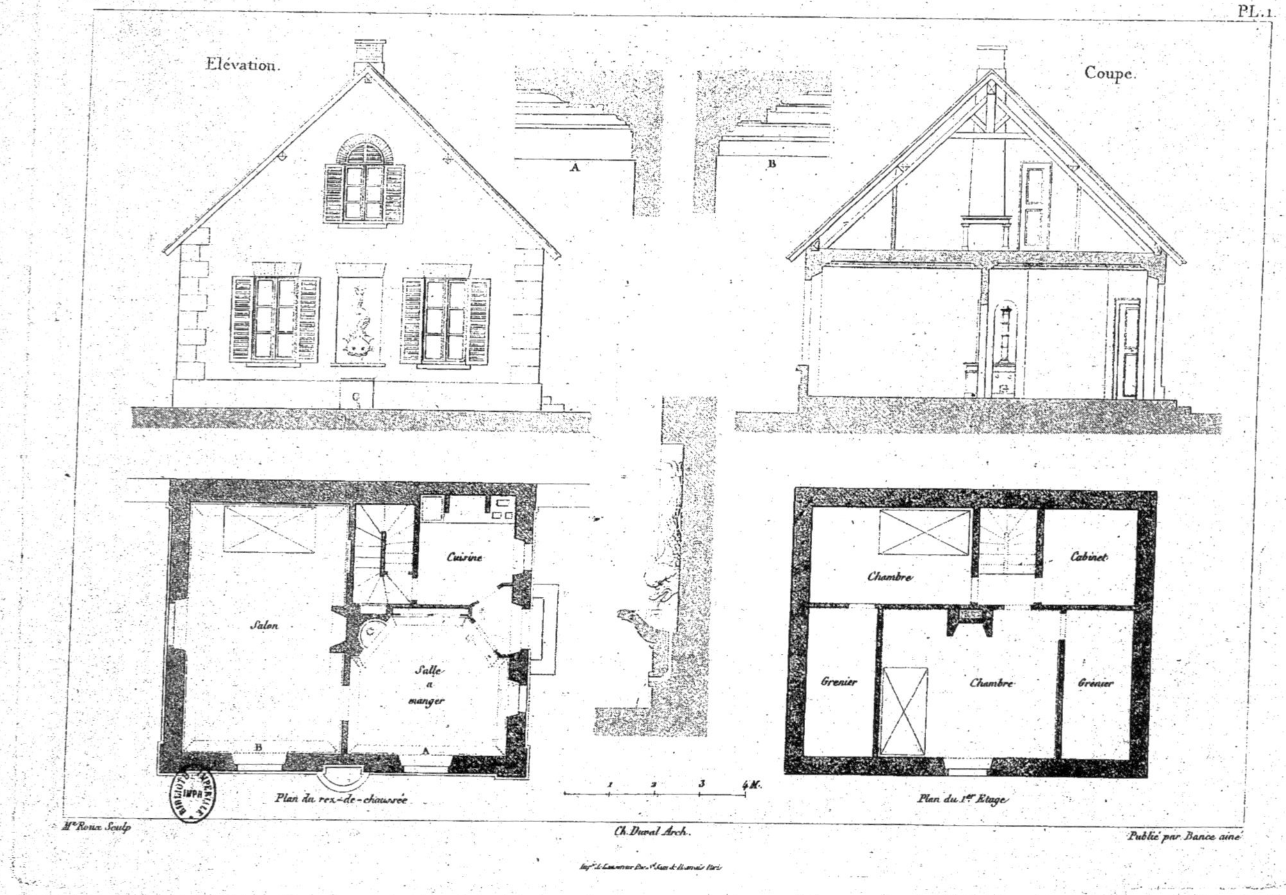

Mme Roux Sculp

Ch. Duval Arch.

Publié par Bance aîné

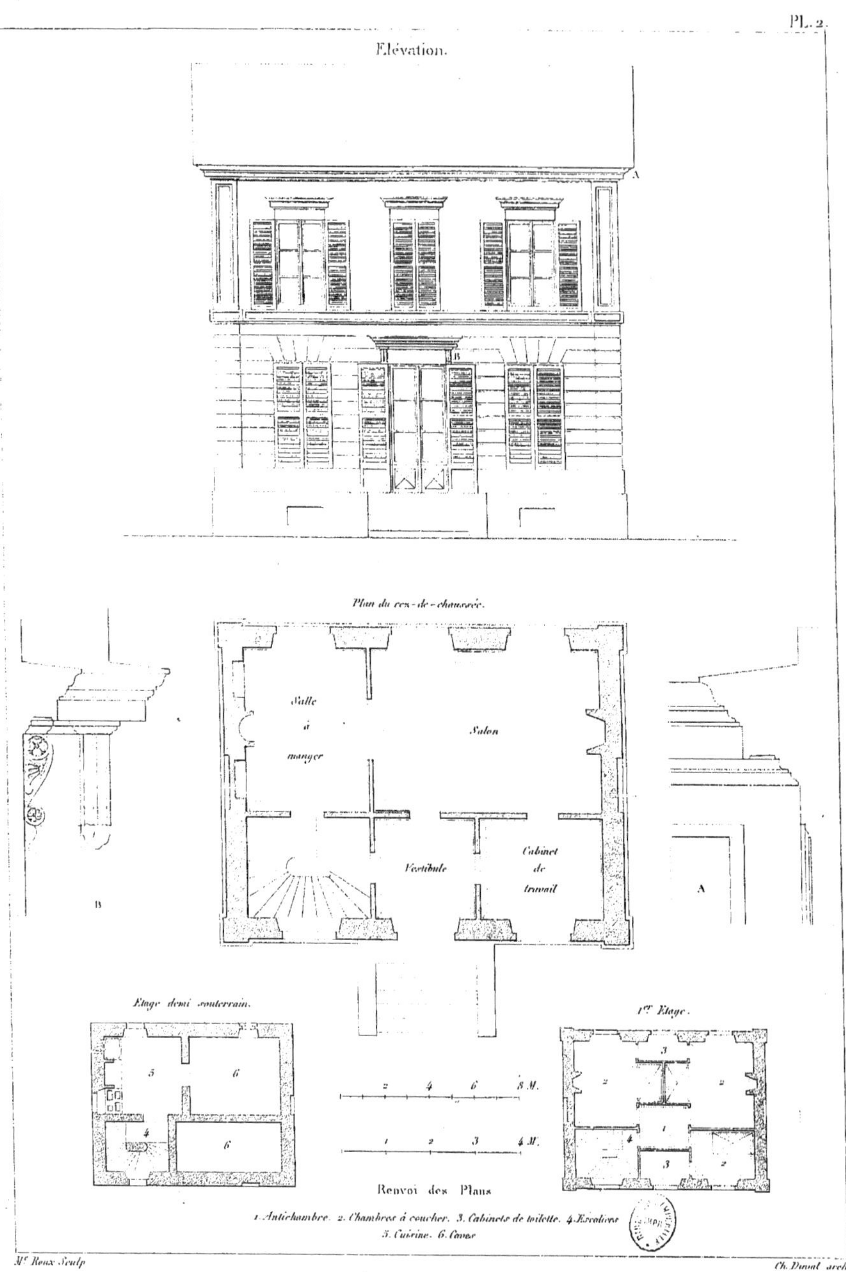

Mr Roux Sculp

Ch. Duval arch.

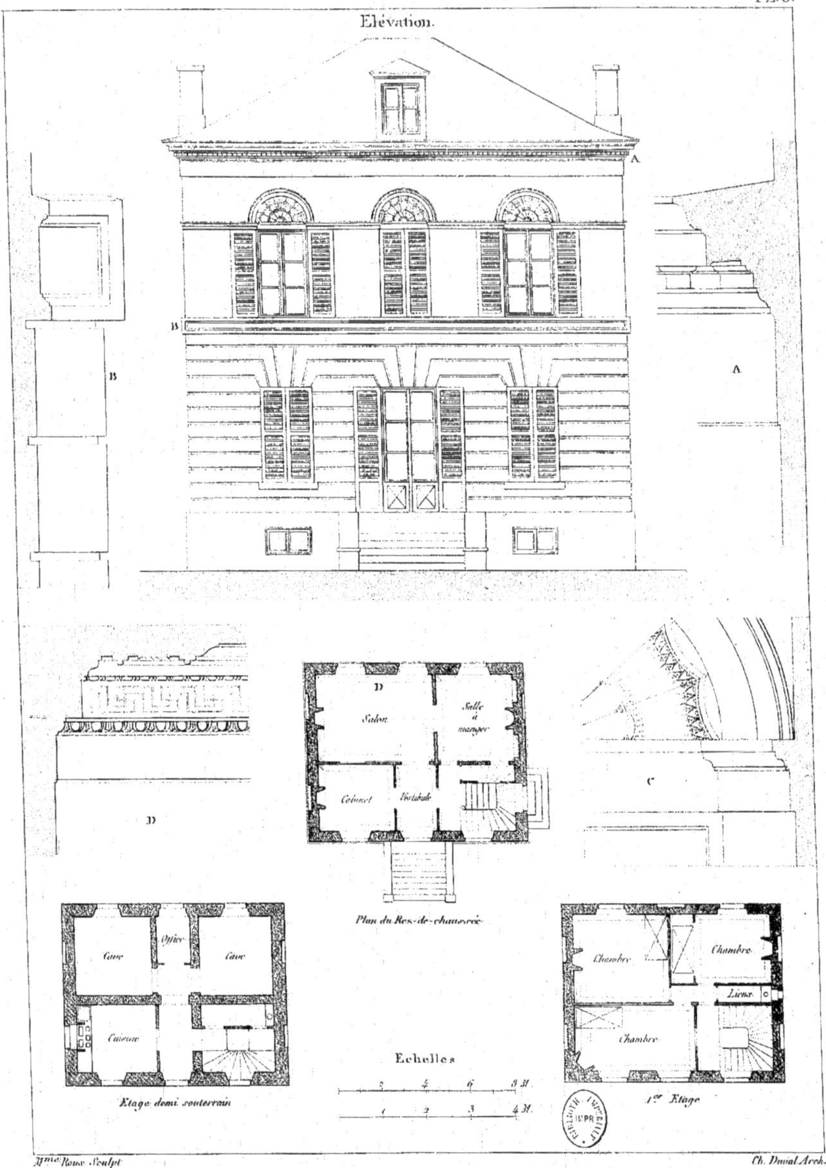

Mme Roux Sculpt.

Ch. Duval Arch.

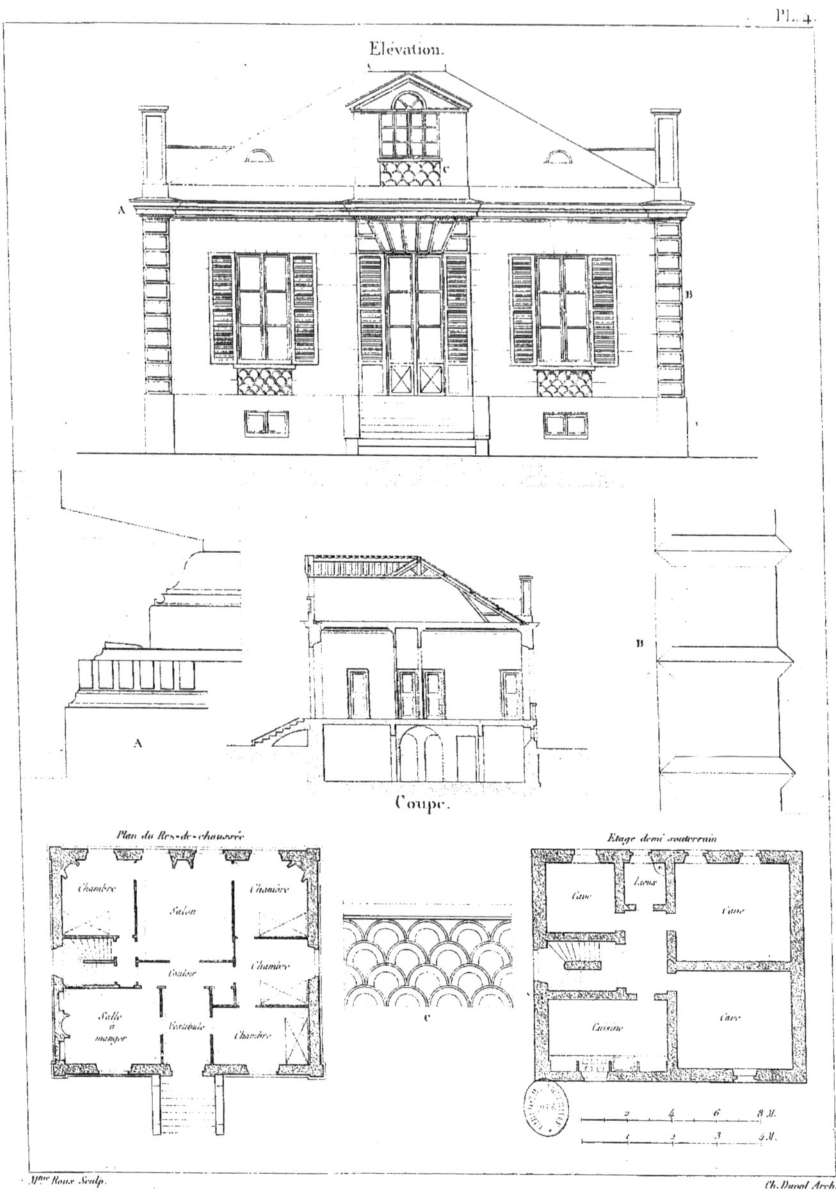

Mlle Roux Sculp.

Ch. Duval Arch.

Pl. 5.

Mme Roux Sculpt.

Ch. Duval Arch.

PL. 6.

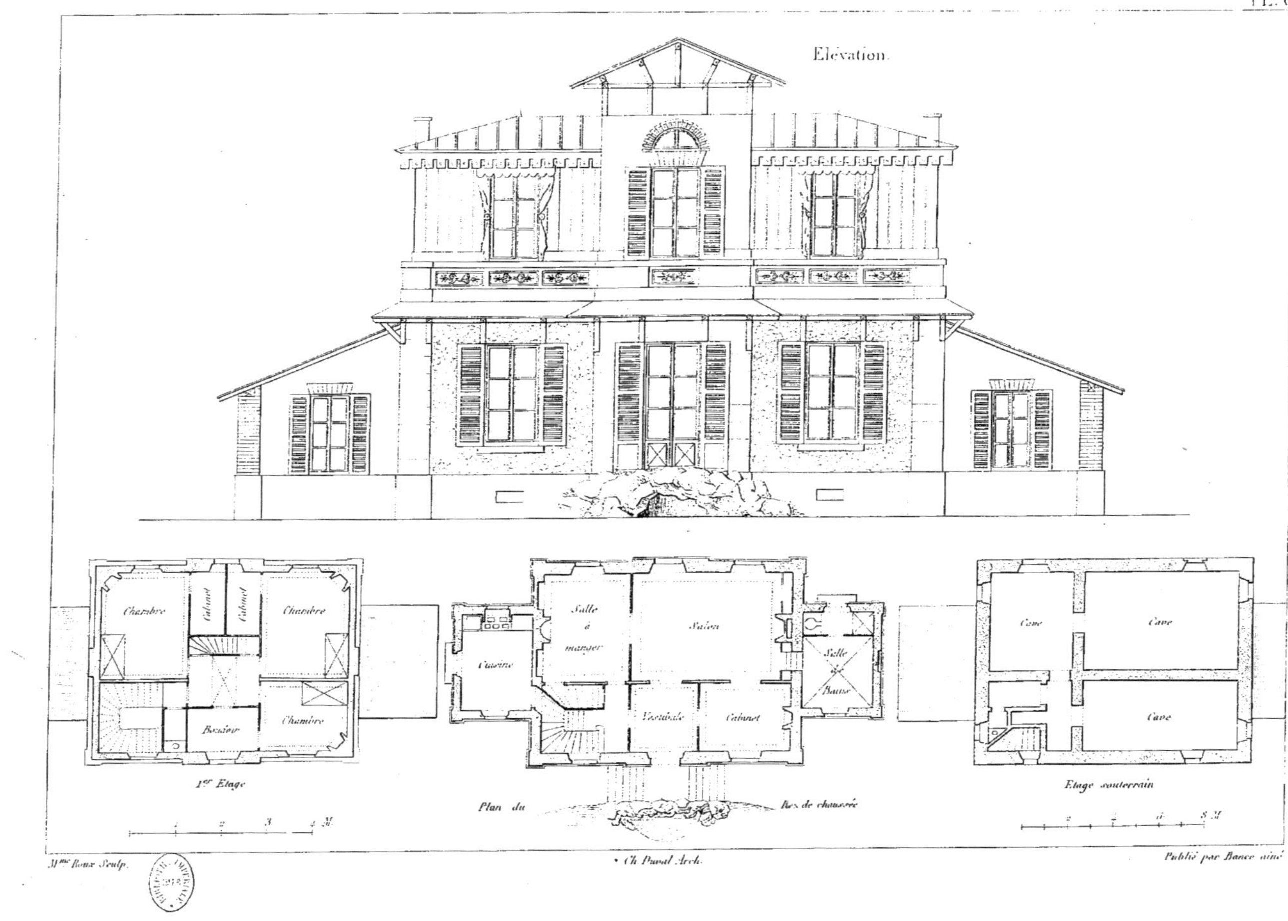

Mme Roux Sculp. • Ch. Duval Arch. Publié par Bance ainé

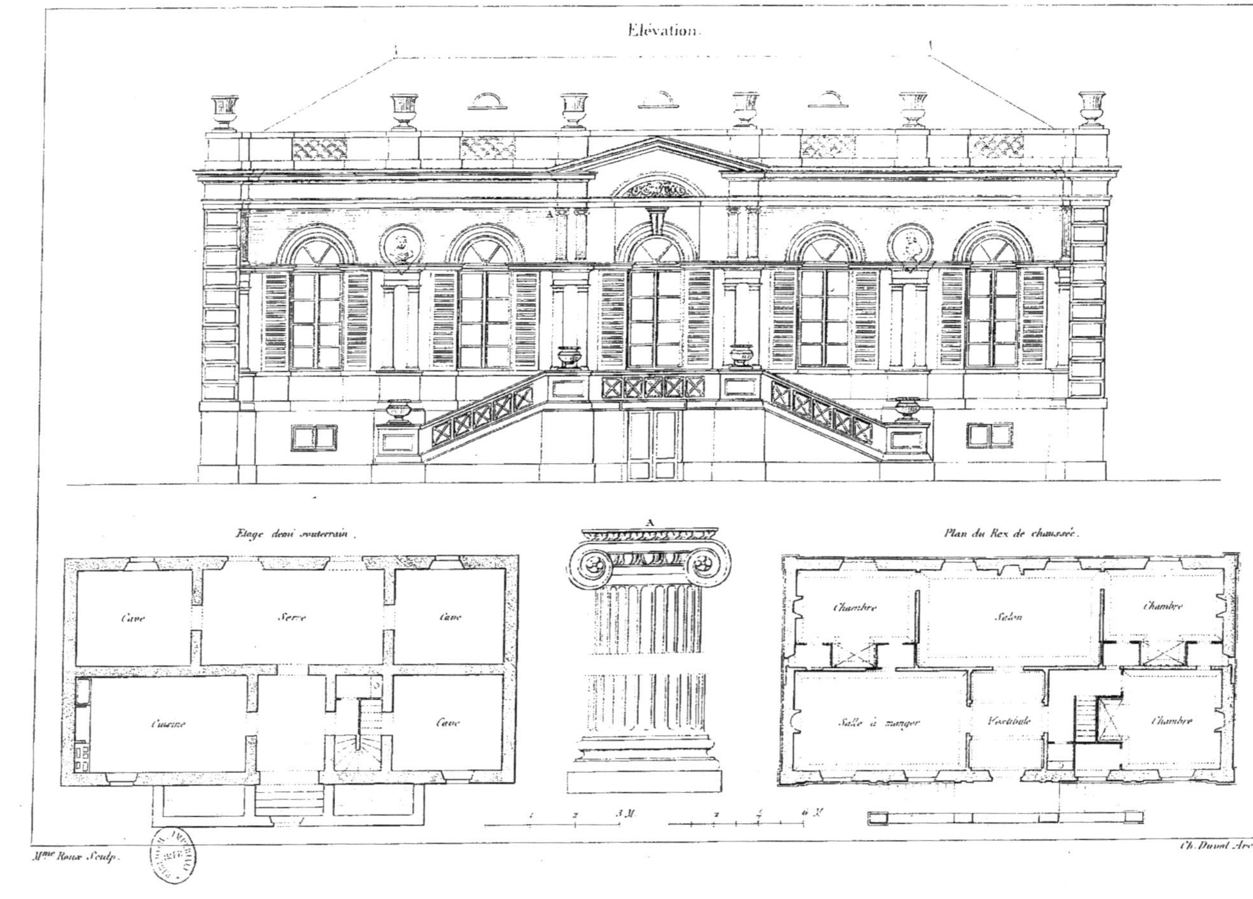

Mme Roux Sculp.

Ch. Duval Arch.

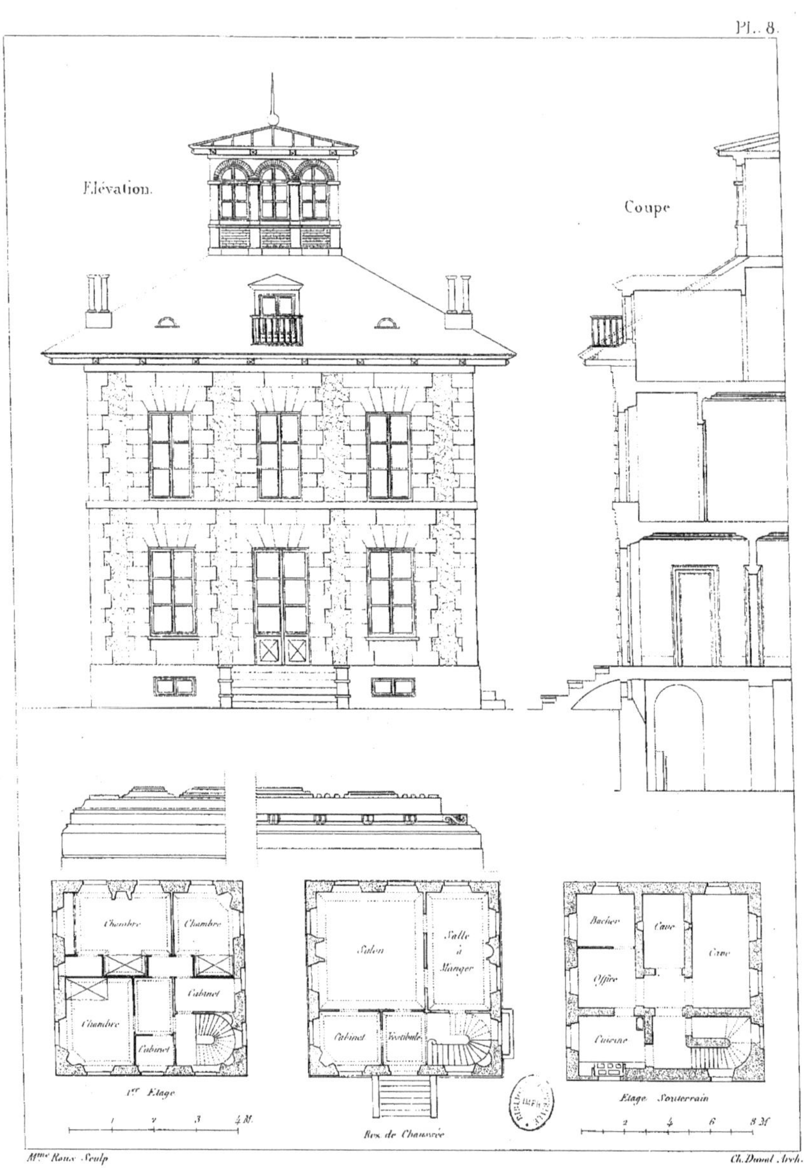

Mme Roux Sculp.

Ch. Duval Arch.

PL. 9.

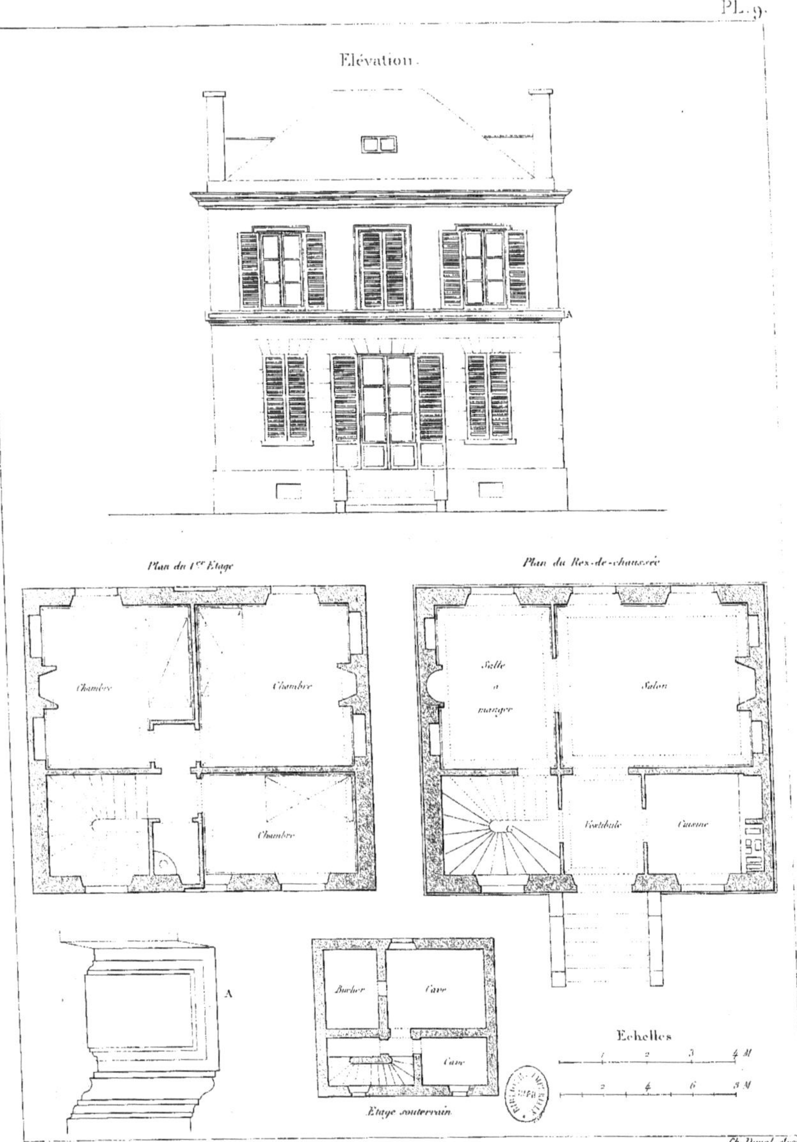

Mme Roux Sculp.

Ch. Duval Arch.

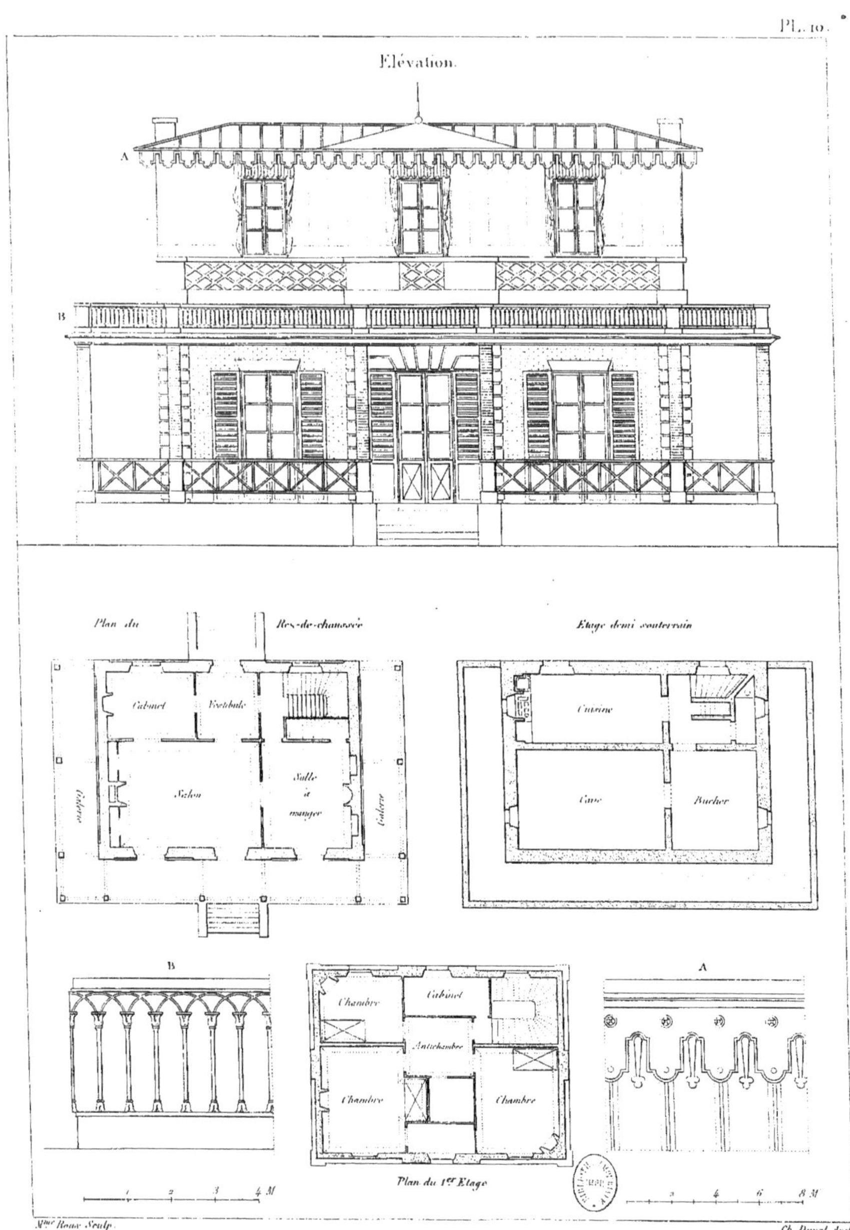

Mme Roux Sculp.

Ch. Duval Arch.

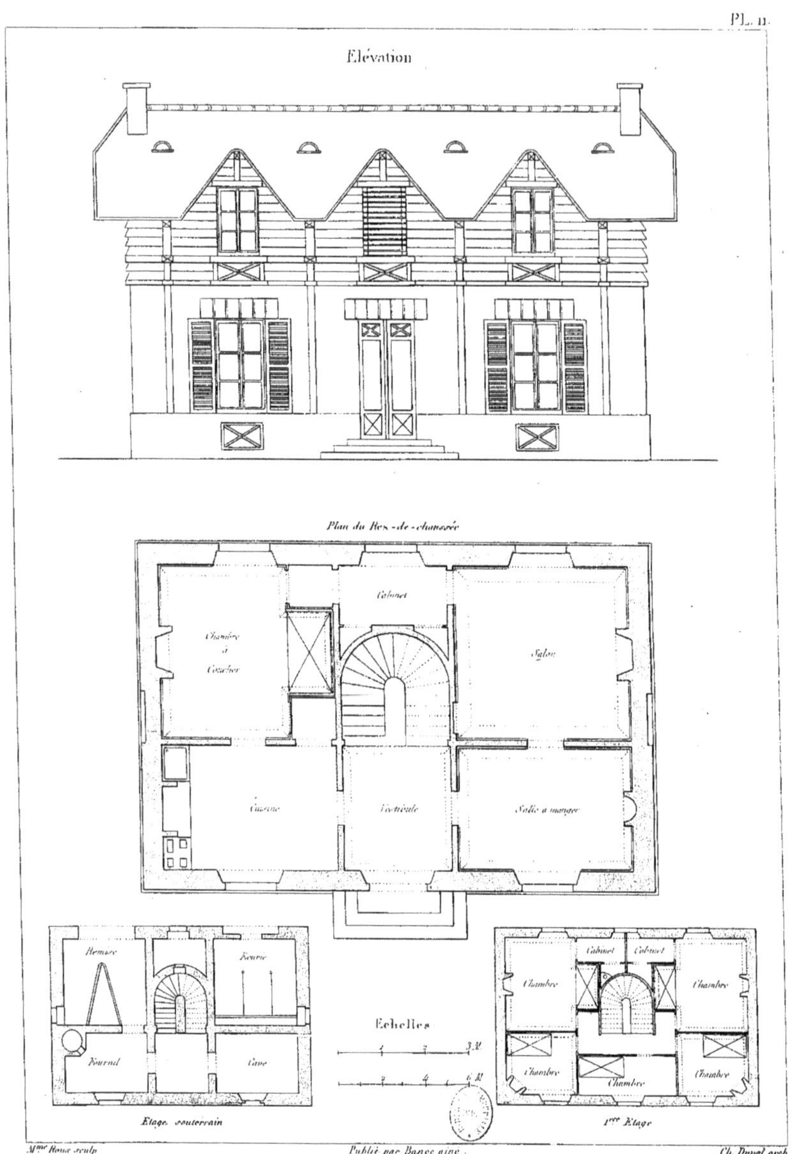

Mme Roux sculp — Publié par Bance aîné — Ch. Duval arch.

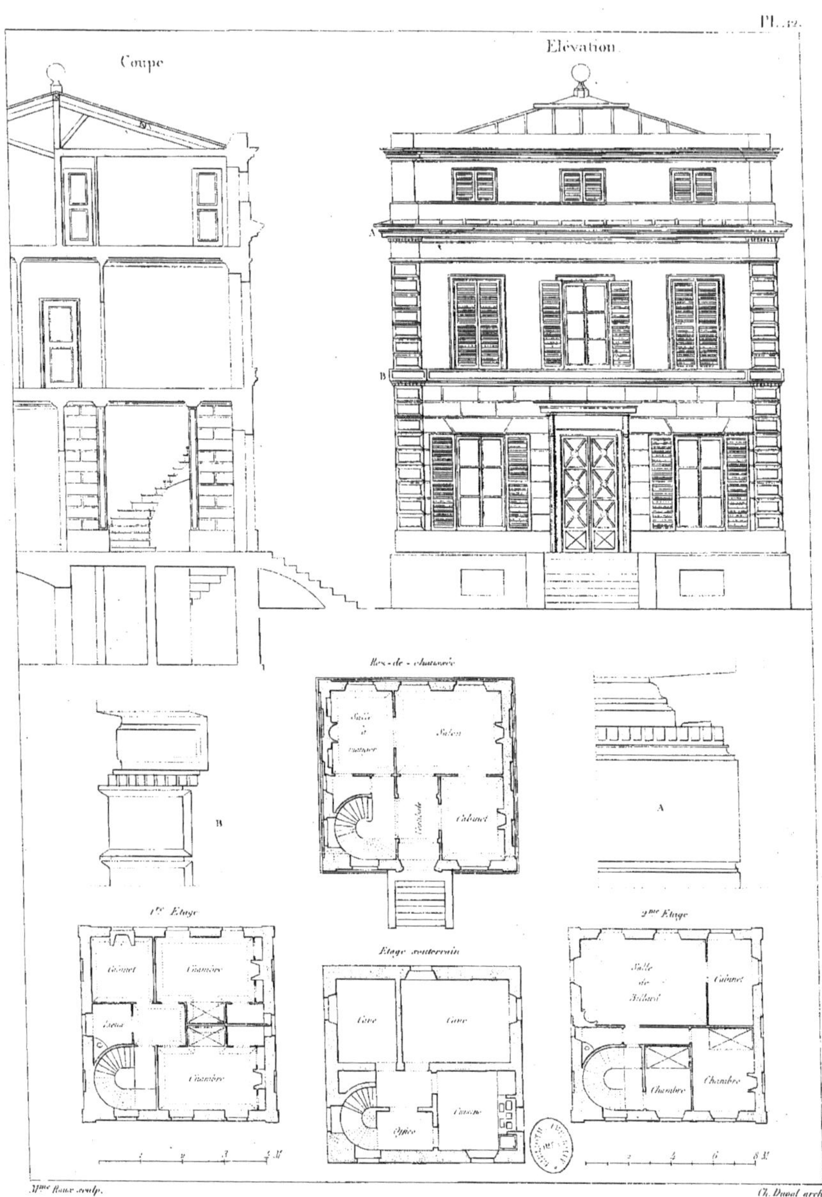

Mme Roux sculp.

Ch. Duval arch.

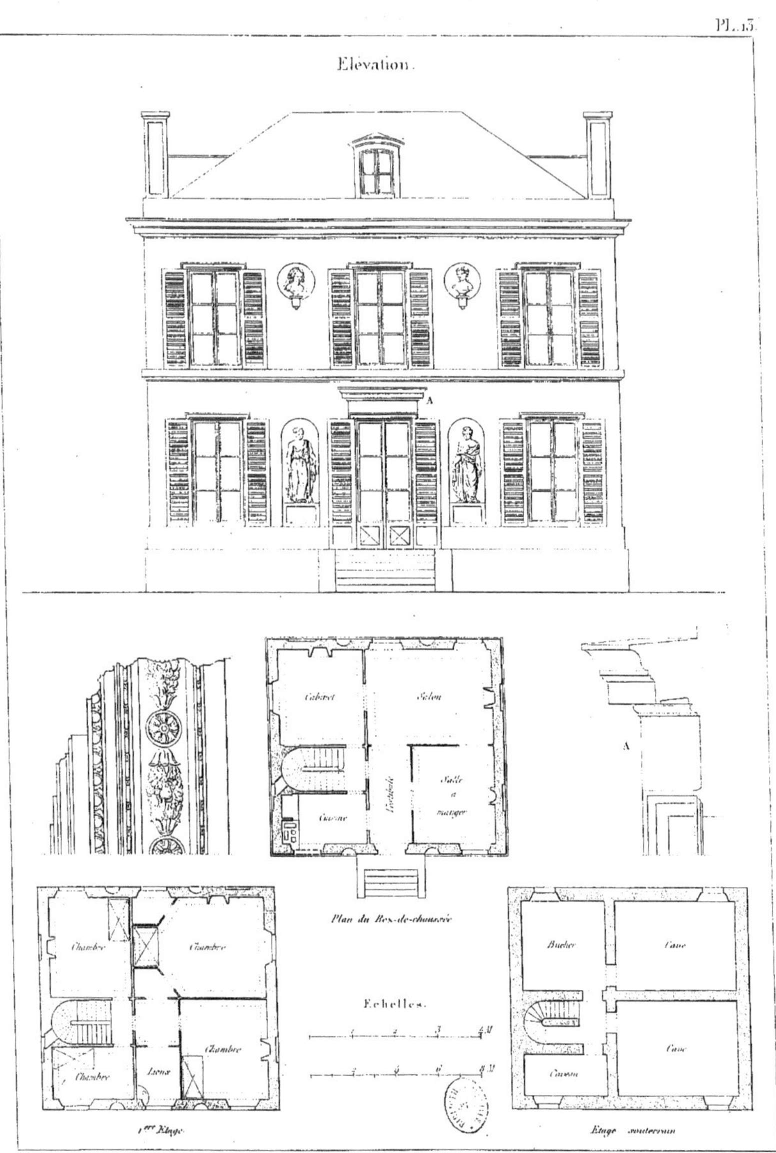
PL. 13.
Elévation.
A
Cabinet
Salon
Vestibule
Salle à manger
Cuisine
A
Plan du Rez-de-chaussée
Chambre
Chambre
Chambre
Chambre
Lieux
Echelles.
Bucher
Cave
Cave
Caveau
1er Etage
Etage souterrain
Mlle Roux sculp.
C. Duval Arch.

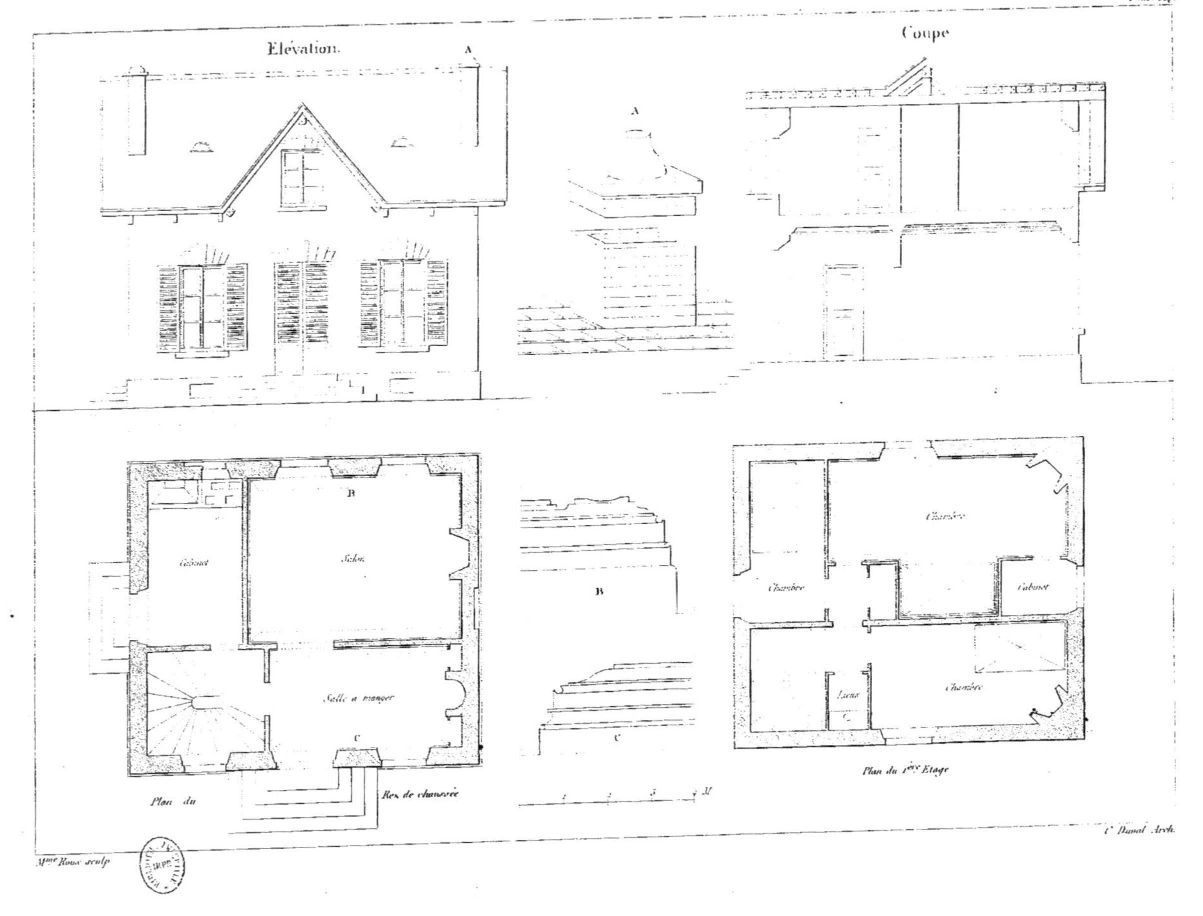

C. Daval Arch.

Mme Roux sculp

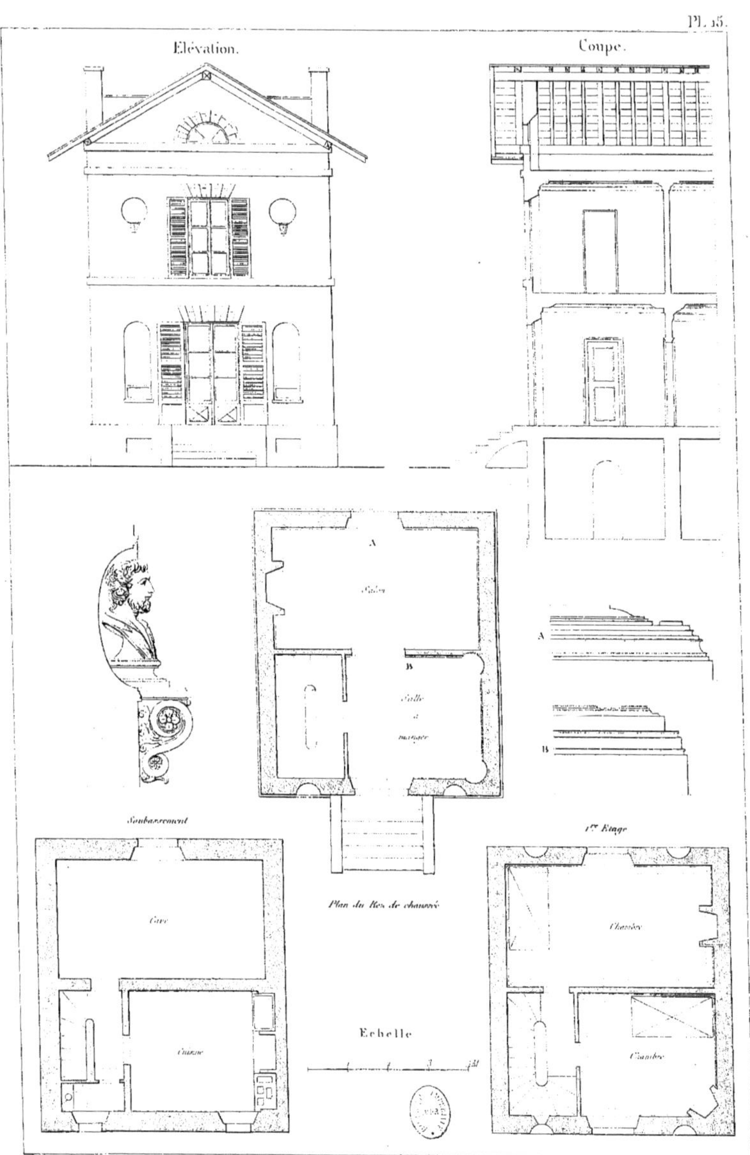

Mlle Roux sculp.

C. Duval arch.

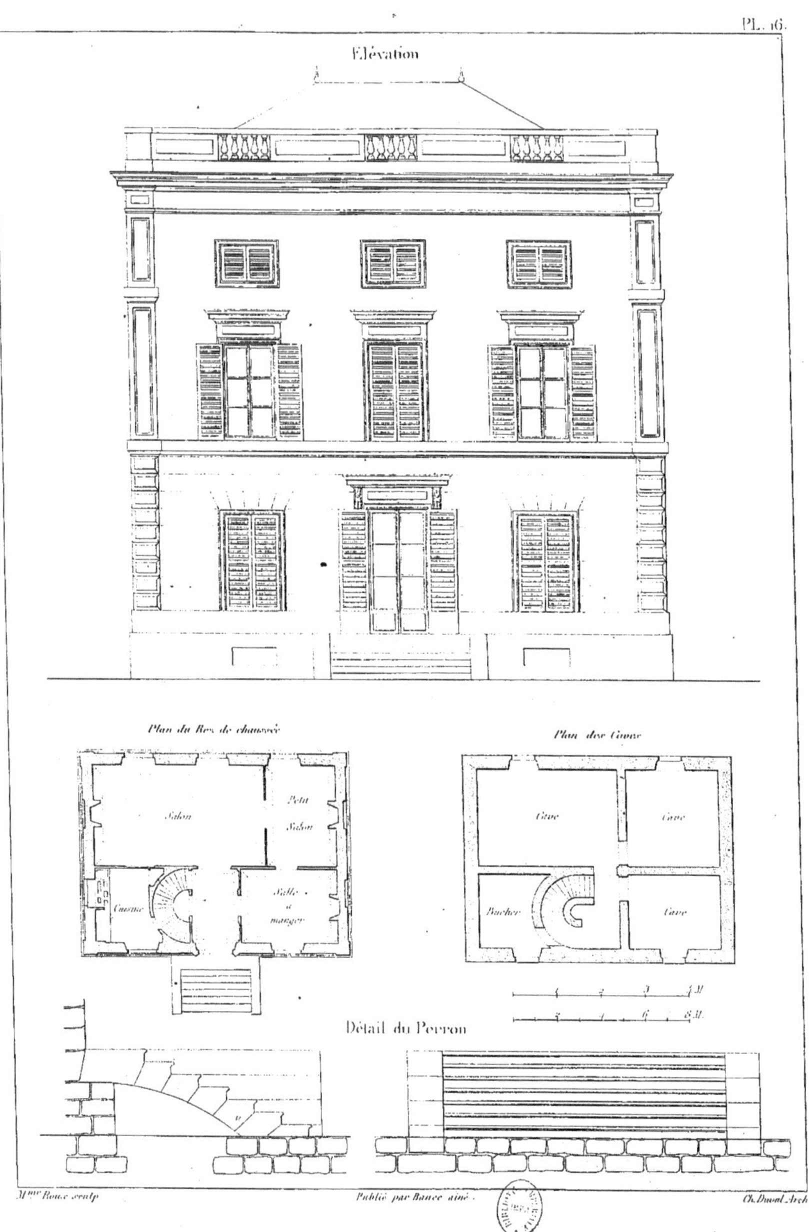
PL. 16.
Élévation
Plan du Rez de chaussée
Salon
Petit Salon
Cuisine
Salle à manger
Plan des Caves
Cave
Cave
Bucher
Cave
1 2 3 4 M.
2 4 6 8 M.
Détail du Perron
Mme Roux sculp
Publié par Bance aîné.
Ch. Duval Arch.

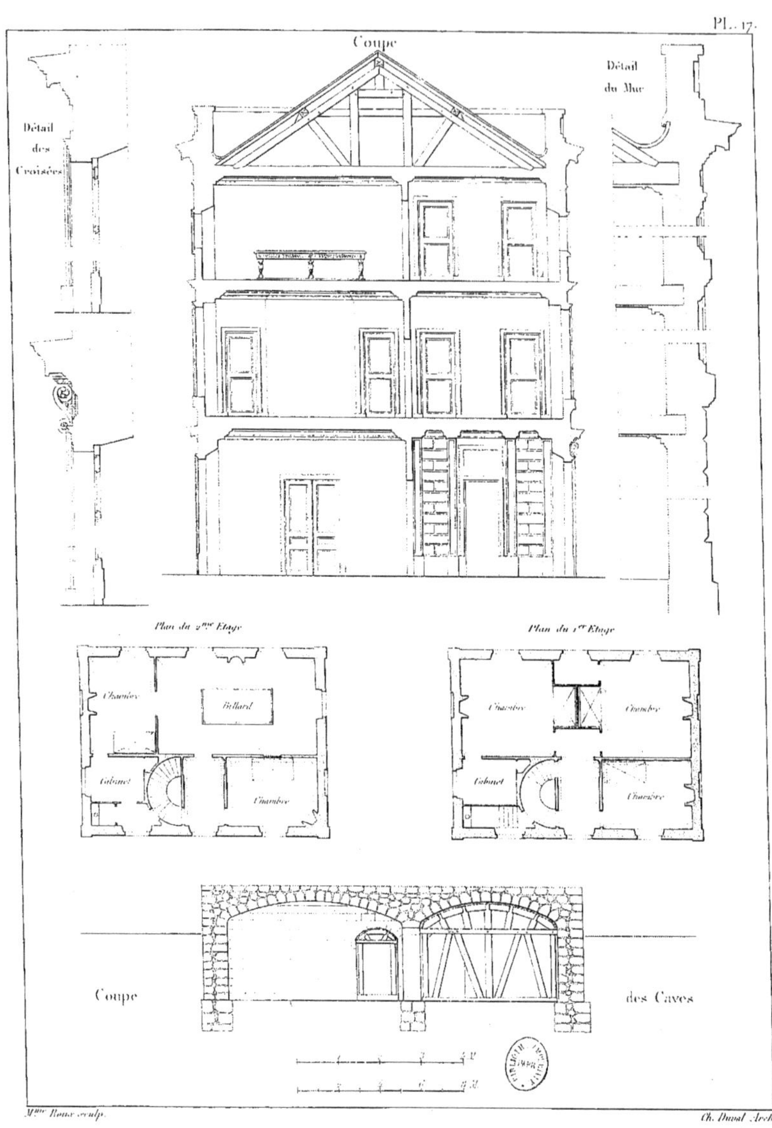
PL. 17.
Coupe
Détail des Croisées
Détail du Mur
Plan du 2me Etage
Plan du 1er Etage
Chambre
Billard
Cabinet
Chambre
Chambre
Chambre
Cabinet
Chambre
Coupe des Caves
Mlle Roux sculp.
Ch. Duval Arch.

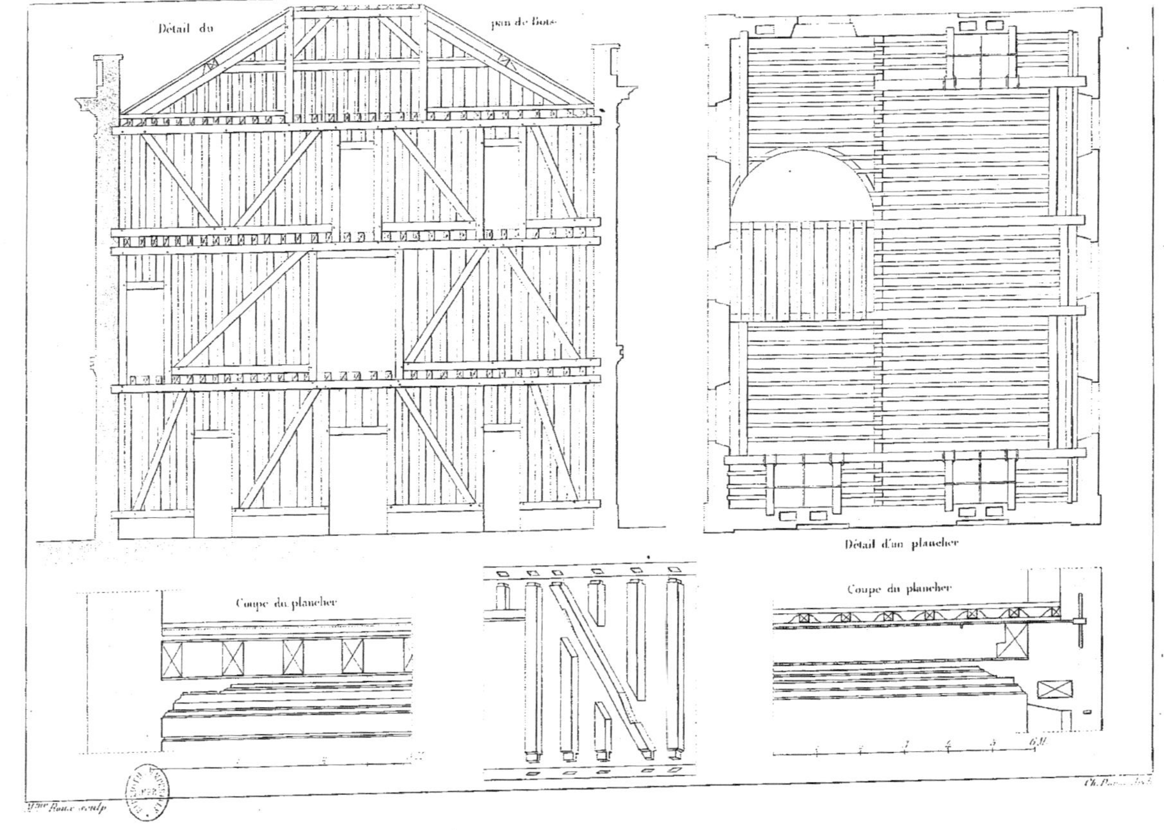

Ch. Pa... del.
Vve Roux sculp.

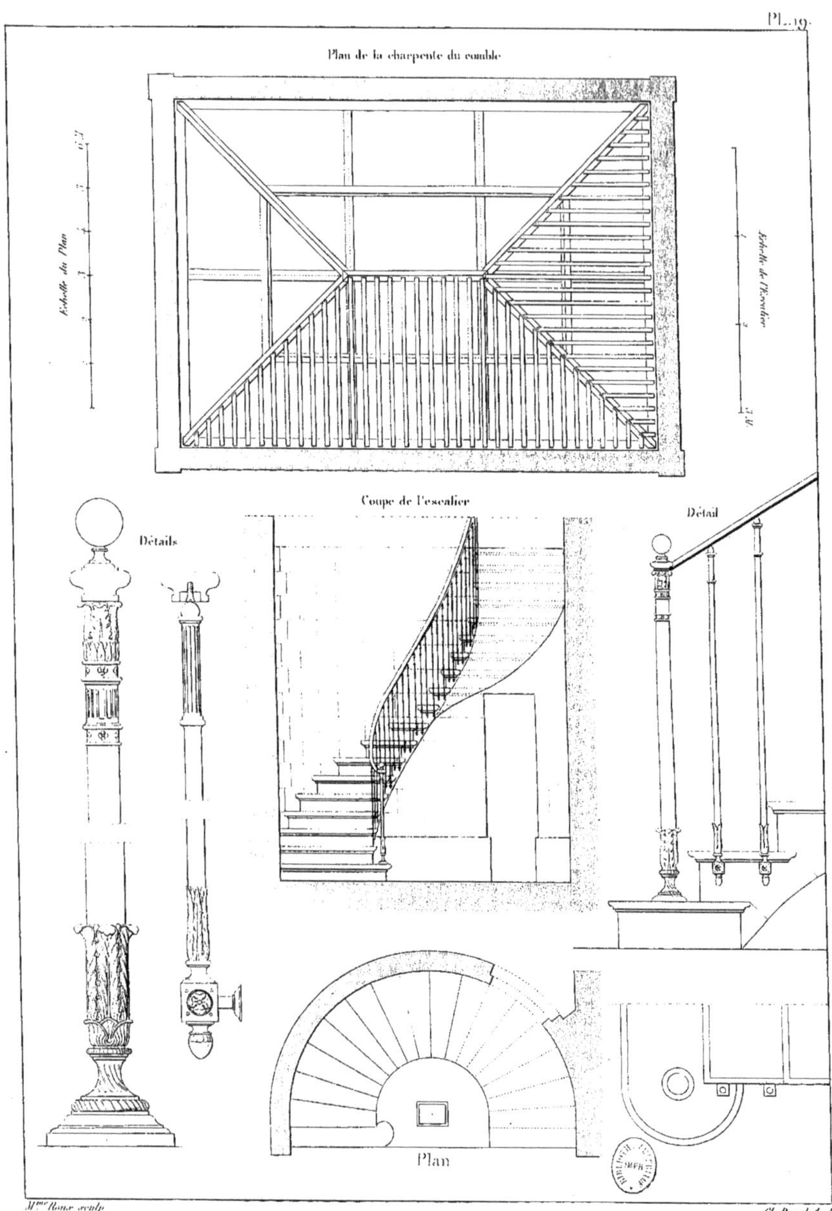

Mme Roux sculp

Ch. Duval Arch.

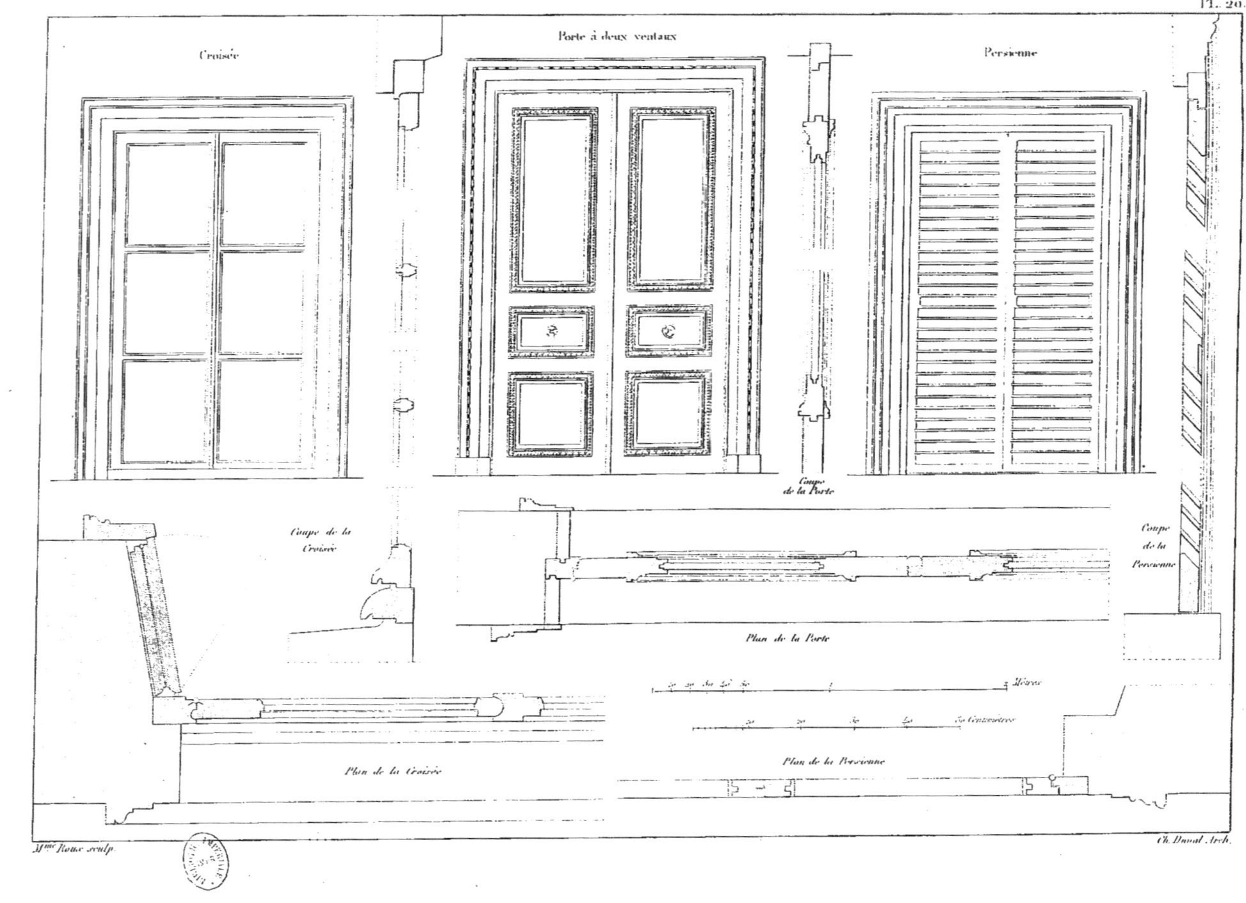

Mme Roux sculp.

Ch. Duval Arch.

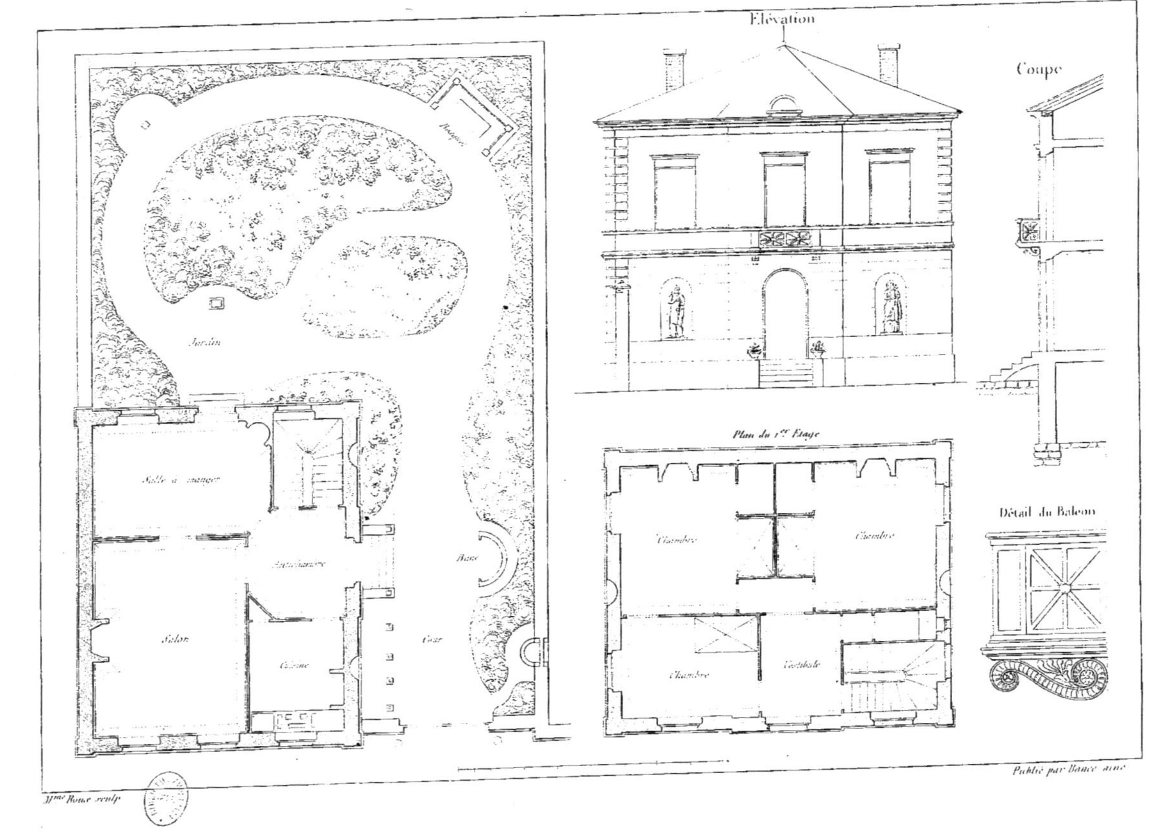

Mme Roue sculp

Publié par Bance aîné

PL. 22.

Coupe
Élévation
Echelle des Plans
2 4 6 8 10 M
Echelle de l'Élévation et de la Coupe
1 2 3 4 5 M
Cabinet
Chambre
Chambre
Plan du 1er Etage
Cour
Cour
Passage
Passage
Hangard
Salle
Commun
Vacherie
Plan du Rez-de-chaussée
Cave
Bucher
Plan des Caves
Mme Roux sculp.

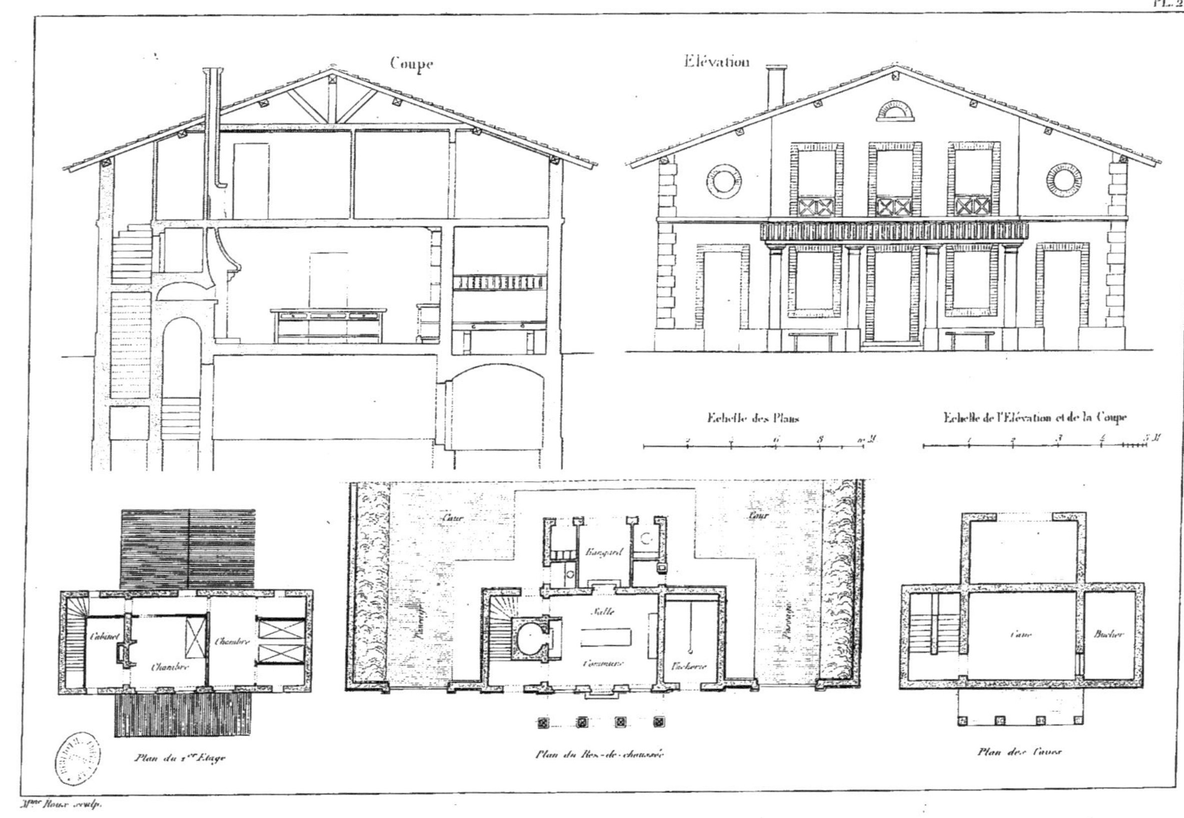

PL. 25.

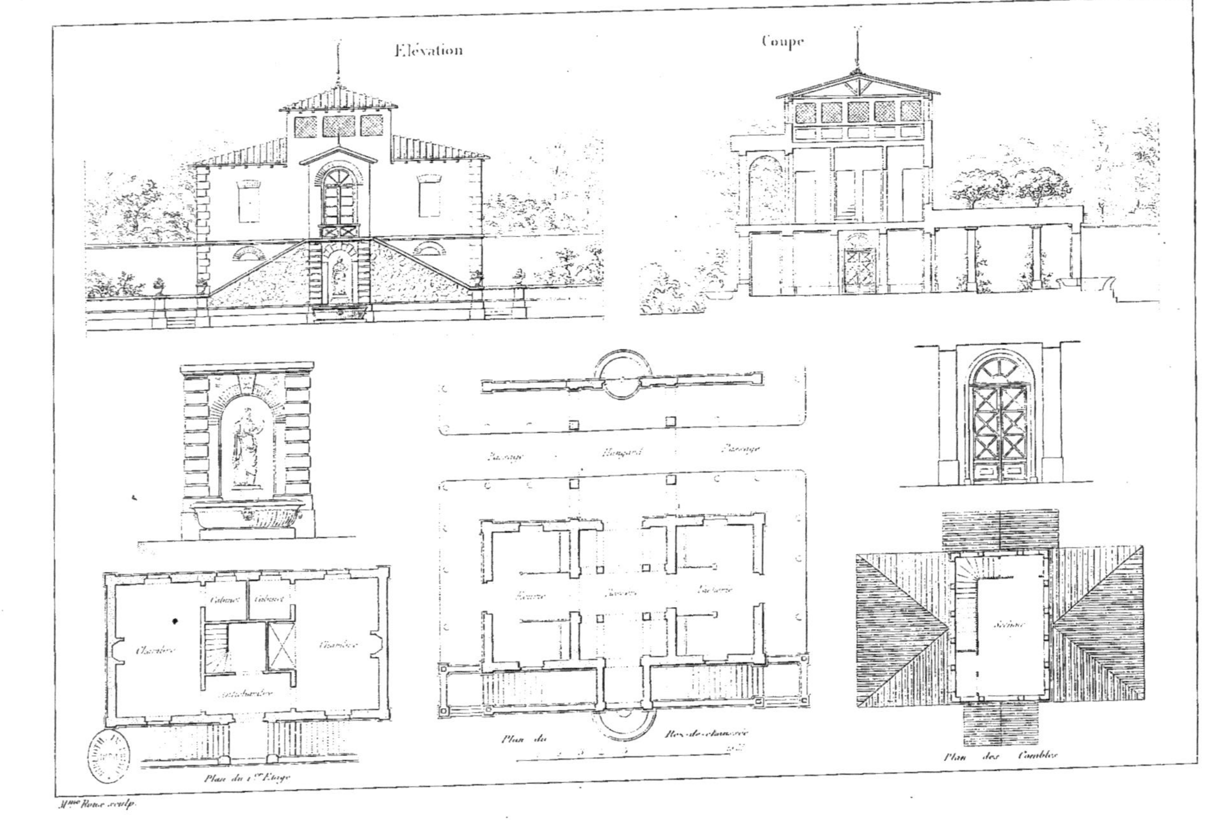

Mme Roux sculp.

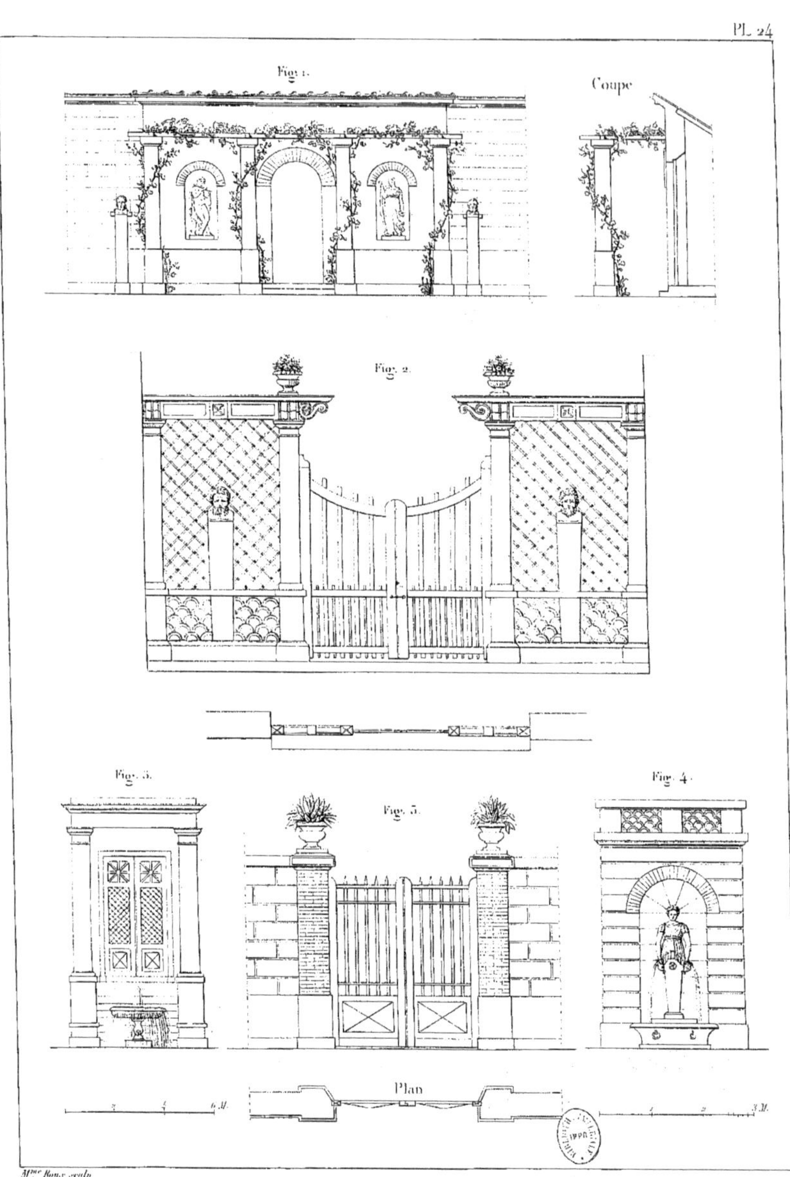

Mme Roux sculp.

Pl. 25.

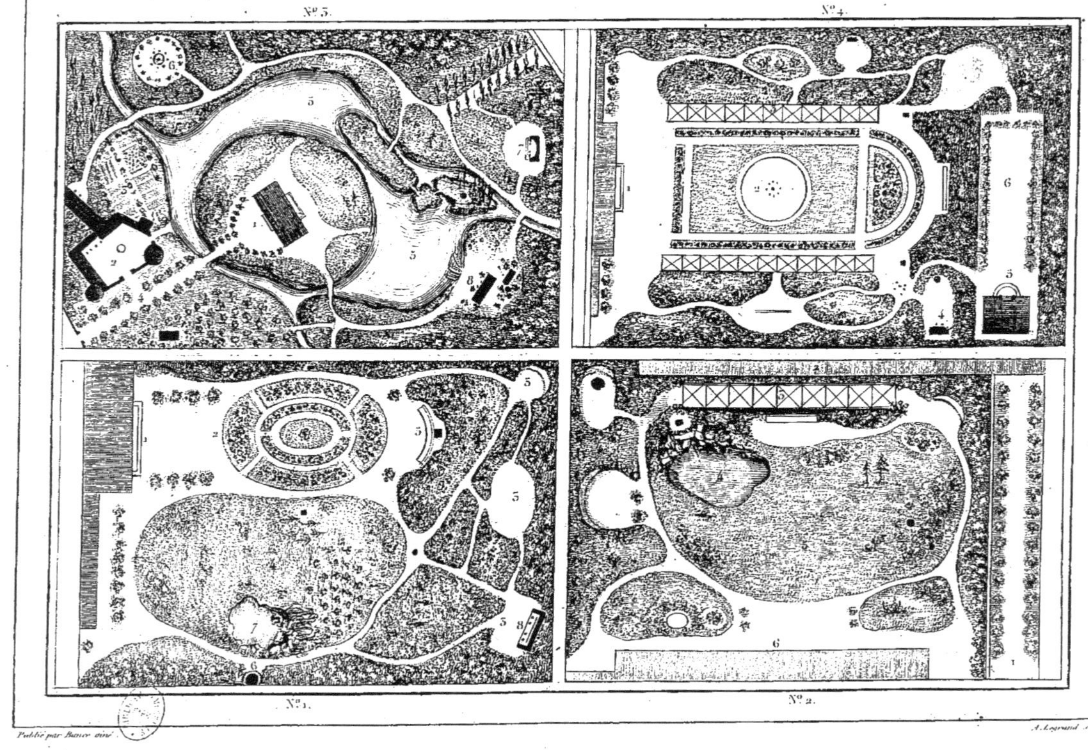

Pl. 26.

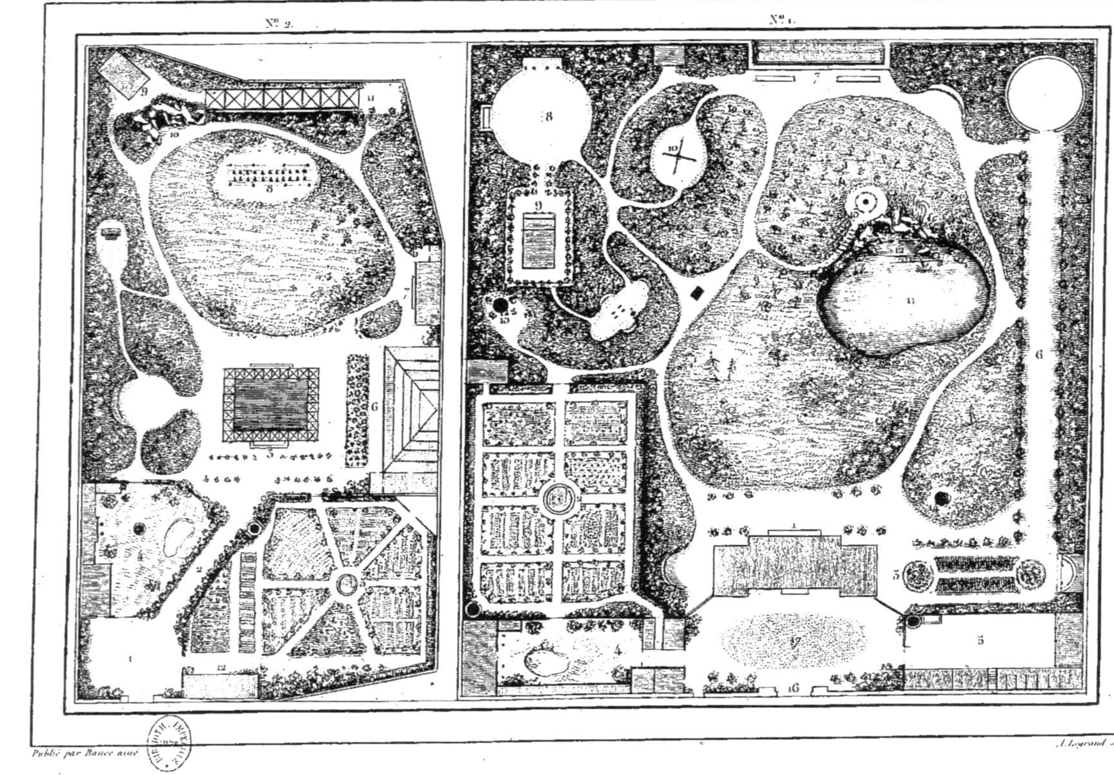

Publié par Bance aîné

A. Legrand sc.

N°1.

N°3.

N°2.

Publié par Barre aîné

A. Legrand sc.

Pl. 26

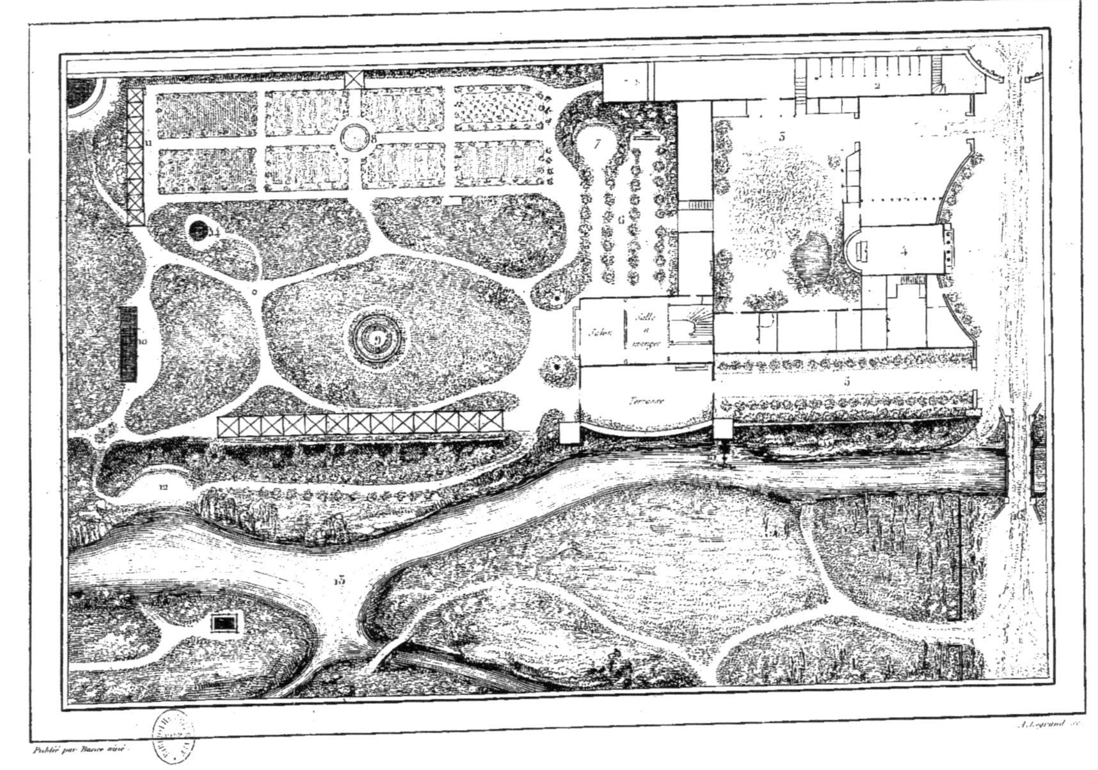

Publié par Bance aîné.

A. Legrand sc.

Pl. 29

Publié par Bance aîné.

A. Legrand sc.

Publié par Bance aîné. A. Legrand sc.

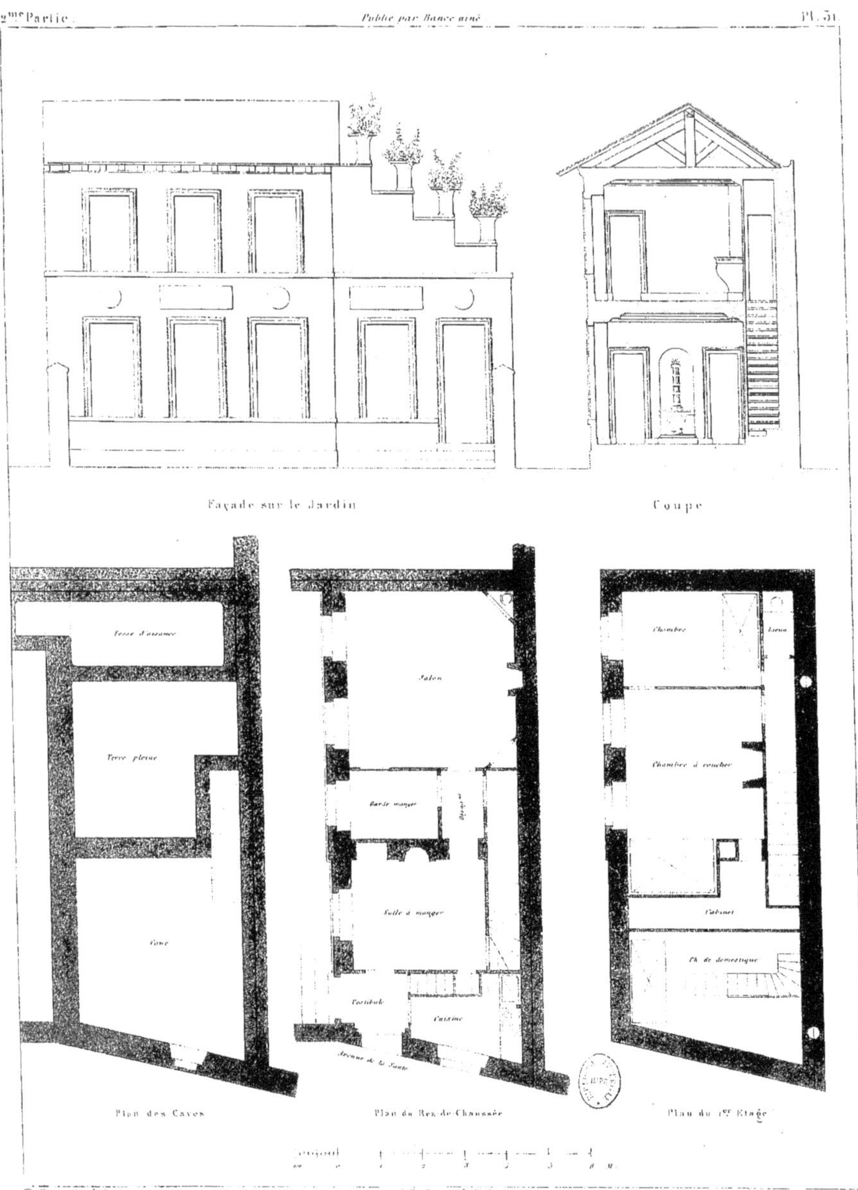

Façade sur le Jardin

Coupe

Plan des Caves

Plan du Rez-de-Chaussée

Plan du 1er Etage

Th. Charpentier, Arch. inv. — J. Kaufmann, Arch. del. — Ribault, Sc.

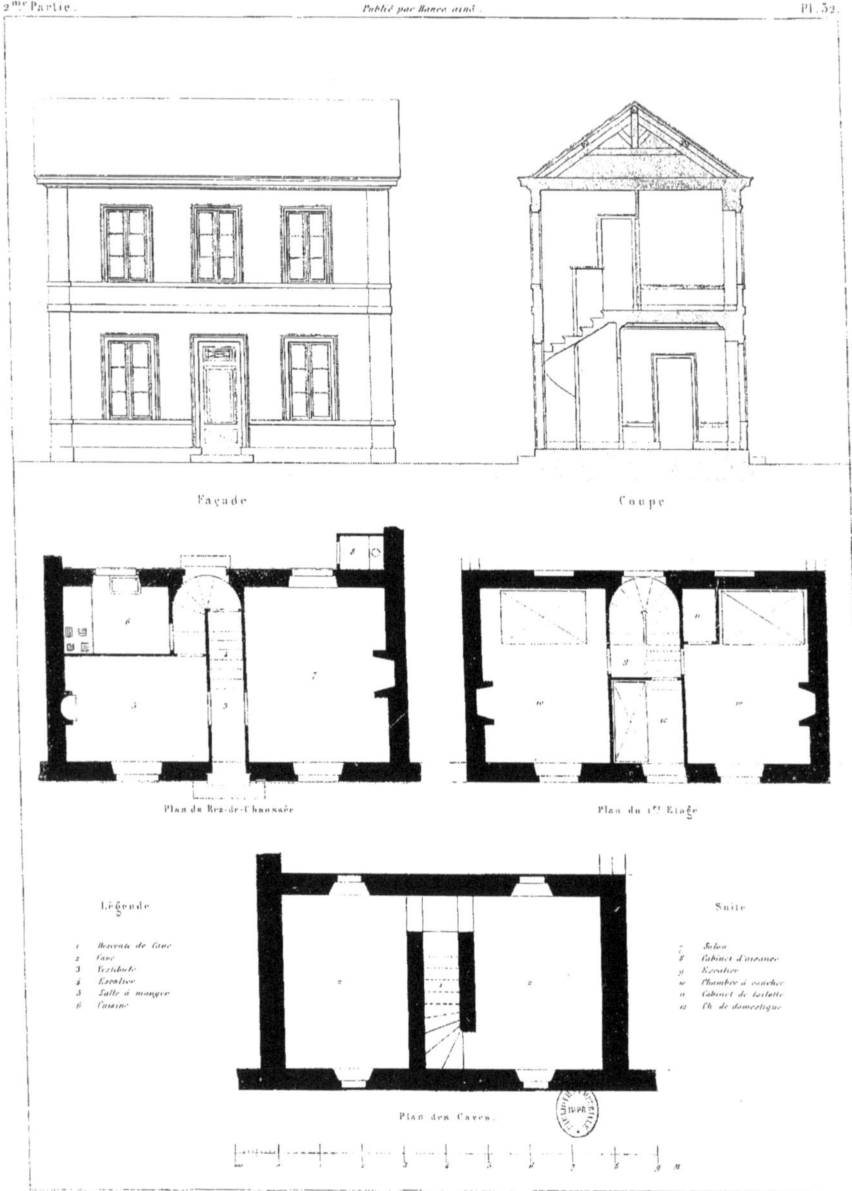

Th. Charpentier Arch. inv. — A. Kaufmann Arch. del. — Ribault, Sc.

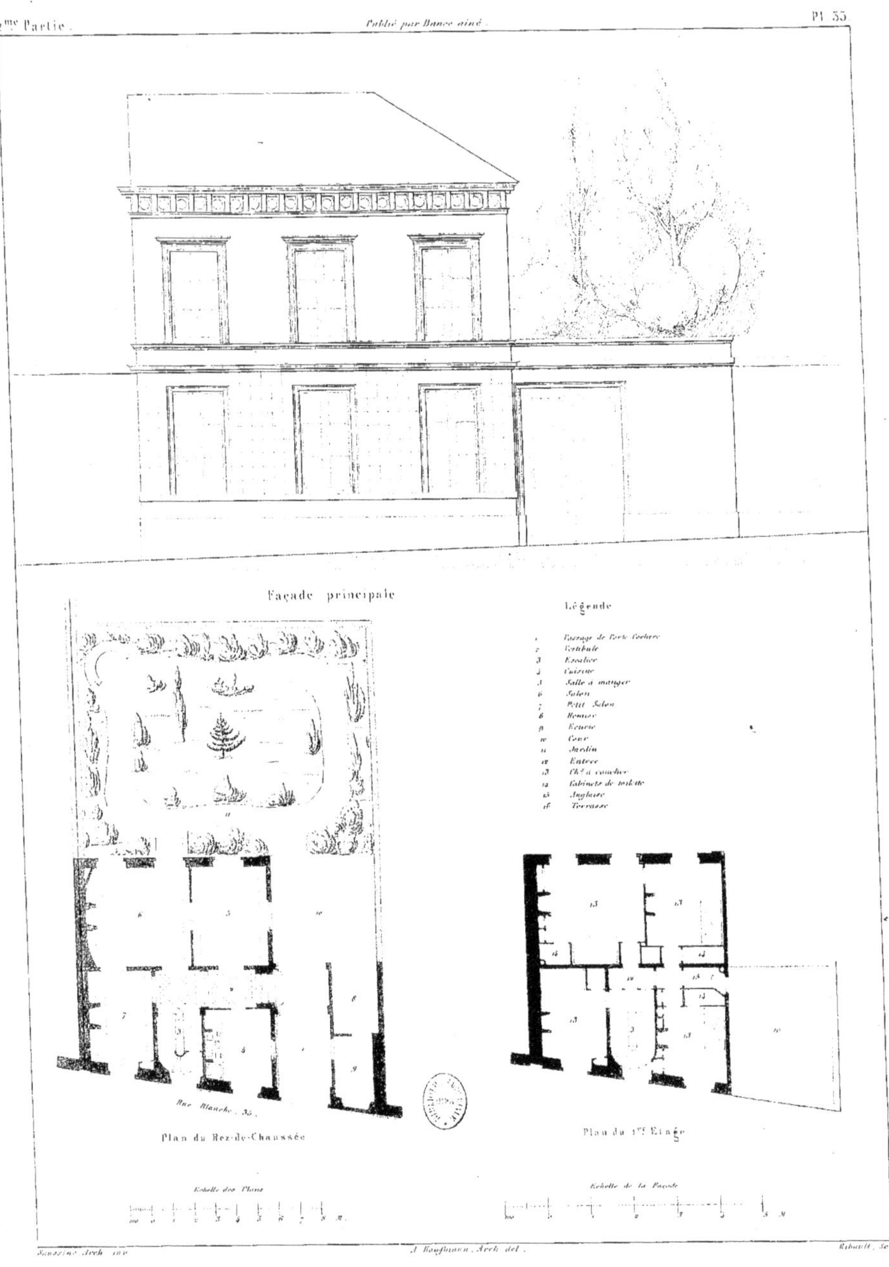

Saussine Arch. inv. A. Kaufmann, Arch. del. Ribault, Sc.

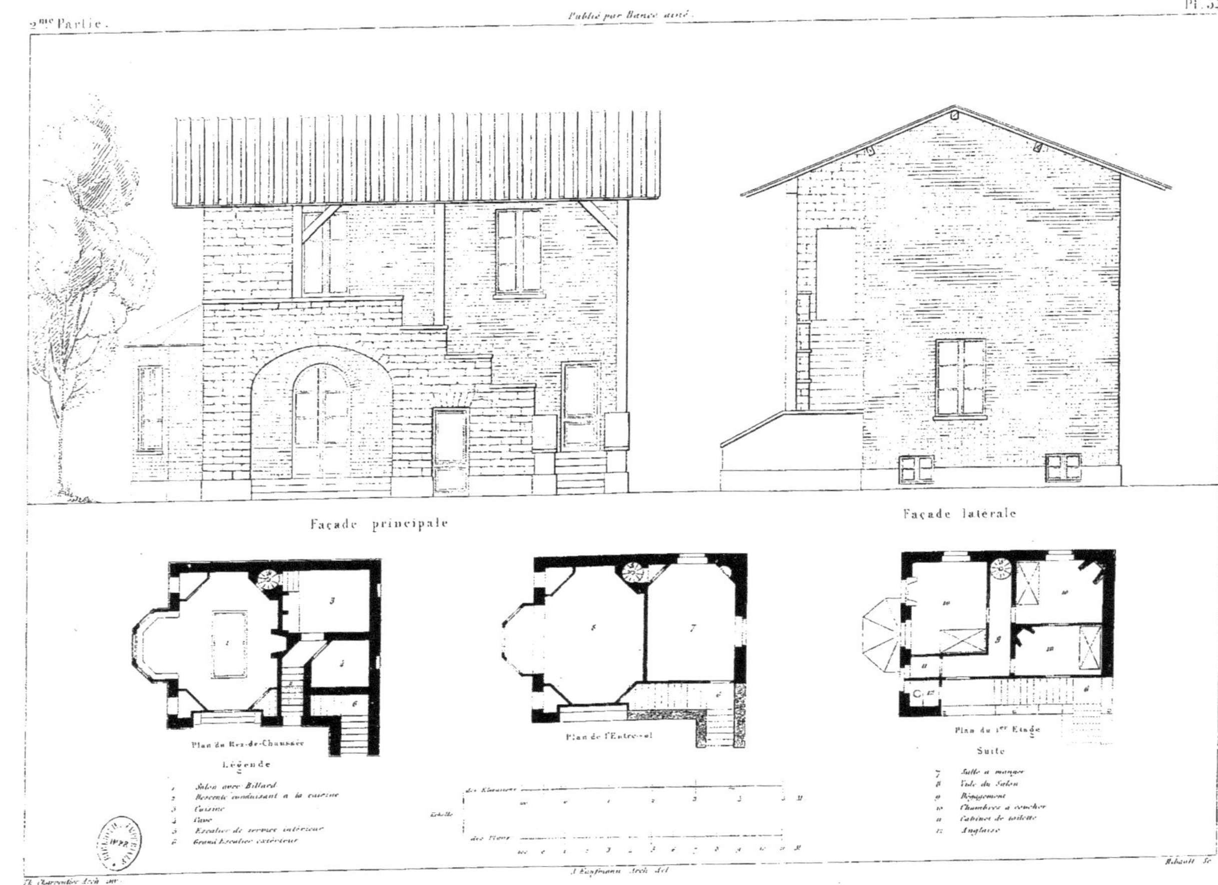
Façade principale
Façade latérale
Plan du Rez-de-Chaussée
Plan de l'Entresol
Plan du 1er Etage
Légende
1 Salon avec Billard
2 Descente conduisant à la cuisine
3 Cuisine
4 Cave
5 Escalier de service intérieur
6 Grand Escalier extérieur
Suite
7 Salle à manger
8 Vide du Salon
9 Dégagement
10 Chambres à coucher
11 Cabinet de toilette
12 Anglaise
Echelle
des Elévations
des Plans
Th. Charpentier Arch. inv.
J. Kaufmann Arch. del.
Ribault Sc.

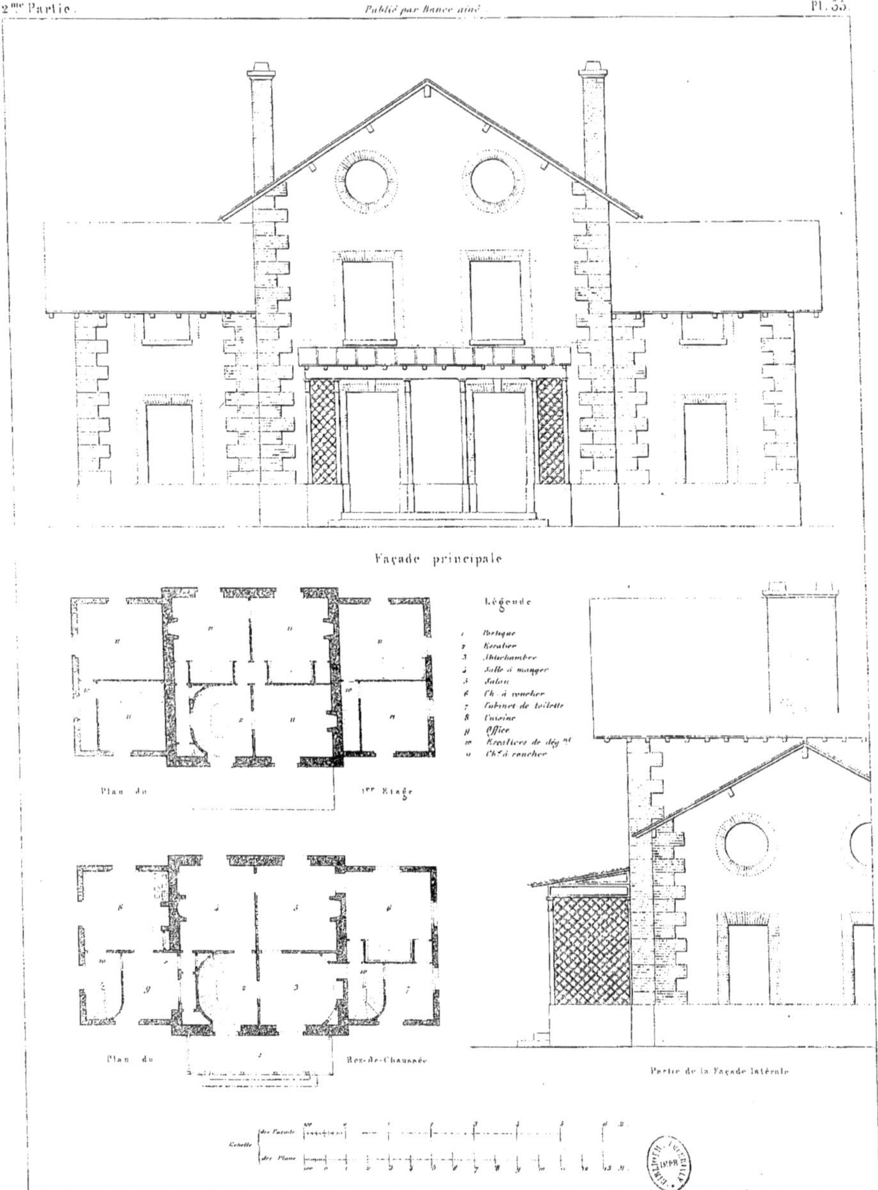

J. Rougevin, Arch. inv. A. Kaufmann, Arch. del. Ribault, Sc.

Façade sur le Jardin

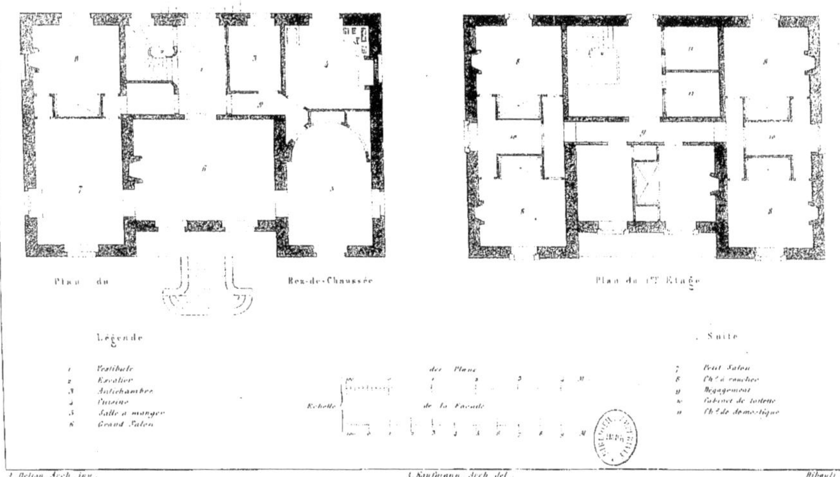

Plan du Rez-de-Chaussée

Plan du 1er Étage

Légende

1 Vestibule
2 Escalier
3 Antichambre
4 Cuisine
5 Salle à manger
6 Grand Salon

Suite

7 Petit Salon
8 Ch.re à coucher
9 Dégagement
10 Cabinet de toilette
11 Ch.re de domestique

Echelle des Plans / de la Façade

A. Belton, Arch. inv. — A. Kaufmann, Arch. del. — Ribault, Sc.

Façade principale

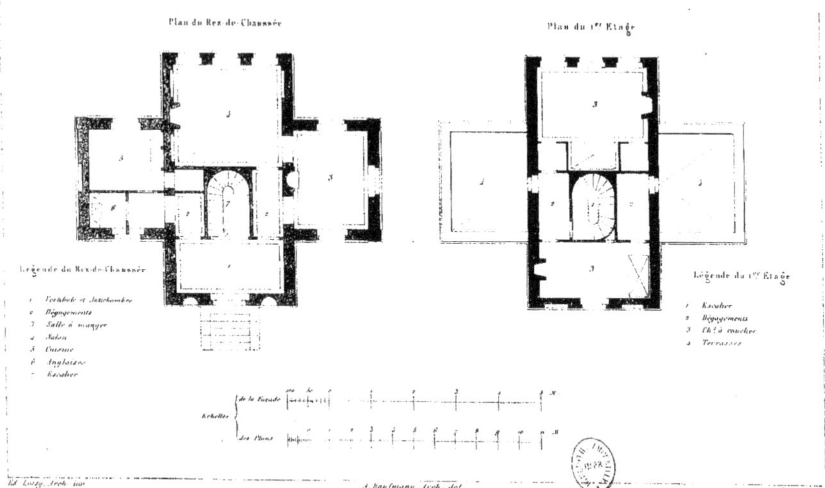

Ed. Loizy, Arch. inv. A. Kaufmann, Arch. del. Ribault, Sc.

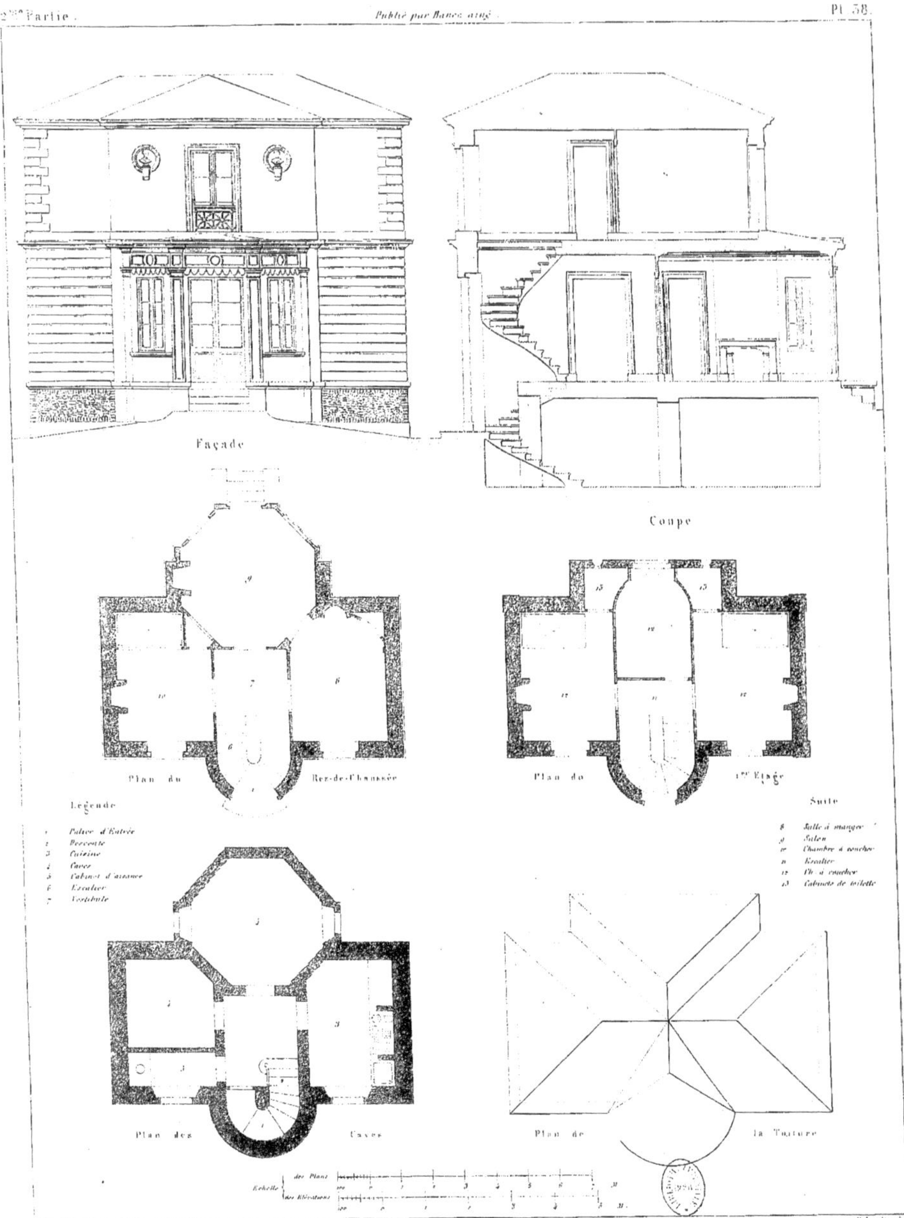

Th. Charpentier, Arch. Inv. A. Kaufmann, Arch. del. Ribault, sc.

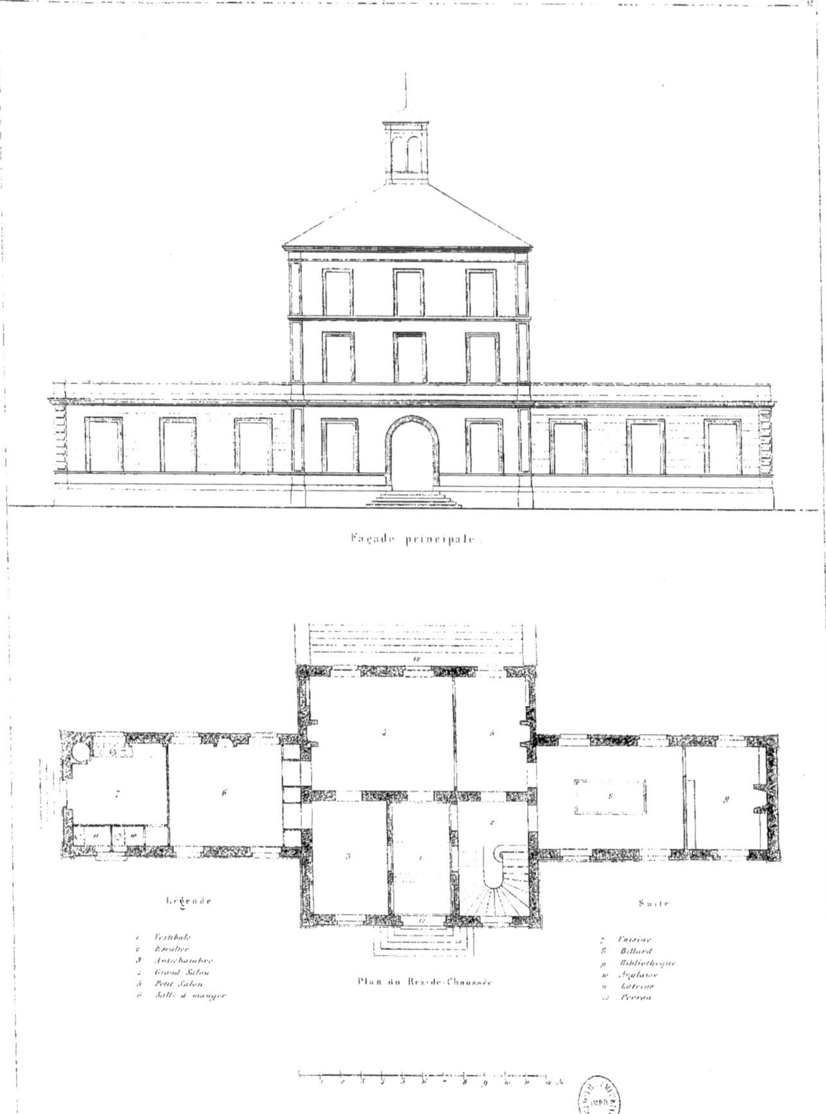

Marchand Arch. inv. — A. Kauffmann Arch. del. — Ribault Sc.

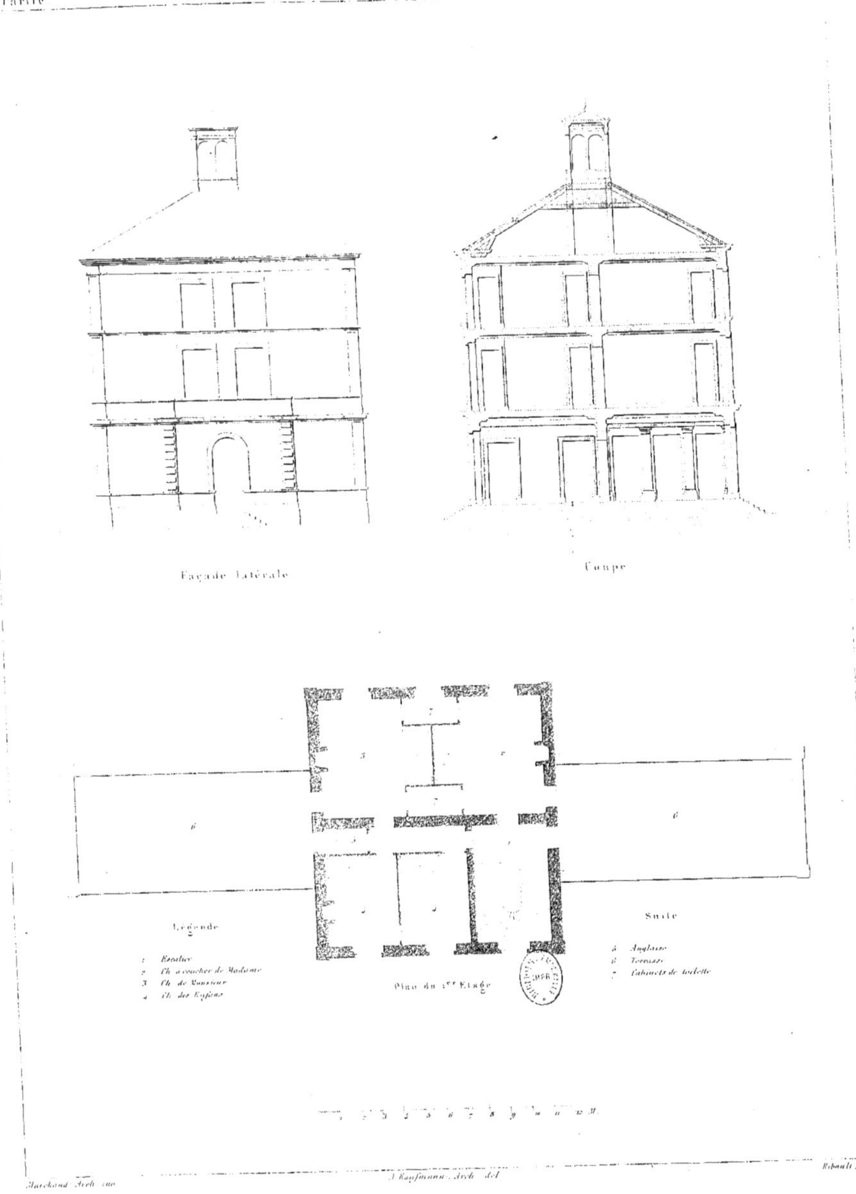
Façade latérale
Coupe
Légende
1 Escalier
2 Ch. à coucher de Madame
3 Ch. de Monsieur
4 Ch. des Enfans
Plan du 1er Etage
Suite
5 Anglaise
6 Terrasse
7 Cabinets de toilette
Marchand Arch. inv.
J. Kaufmann, Arch. del.
Ribault, Sc.

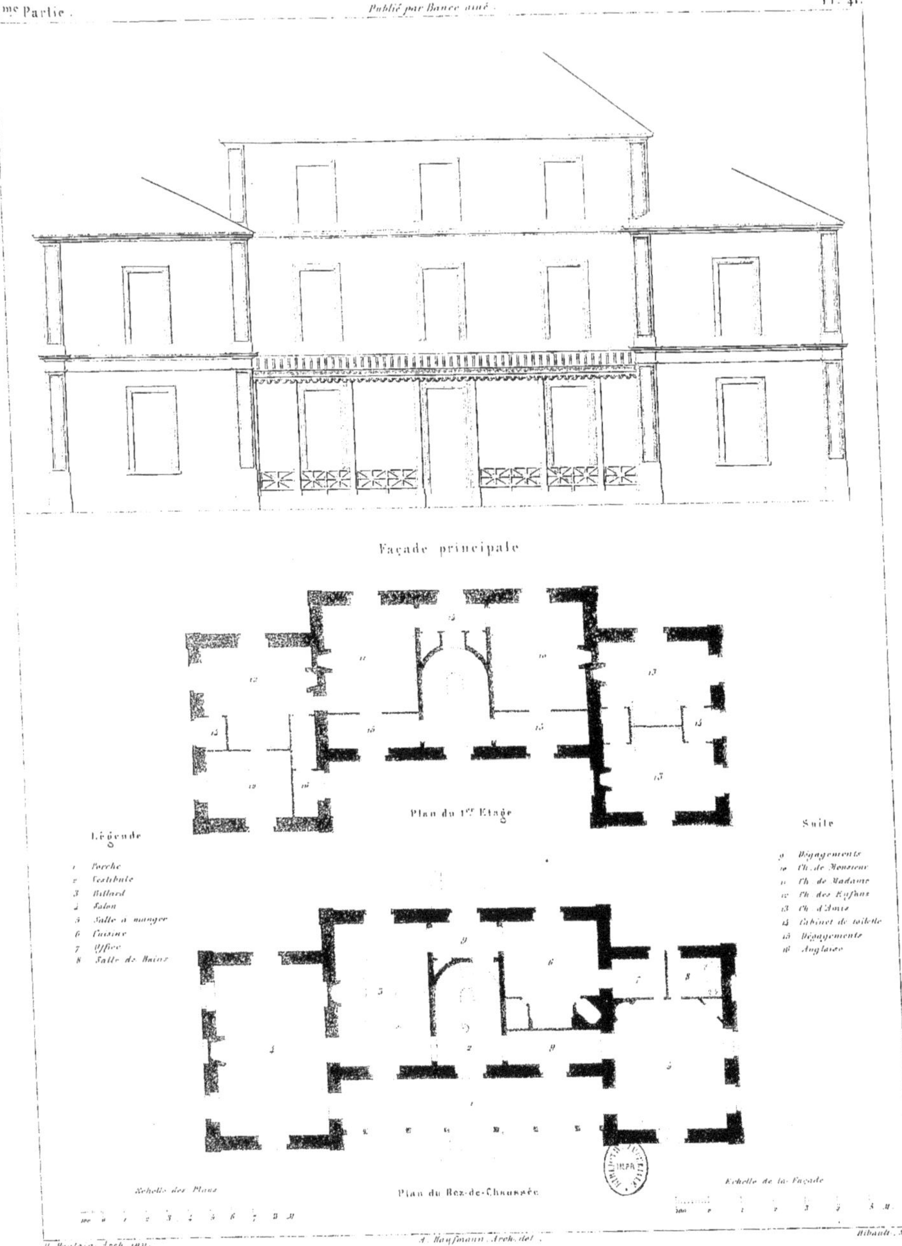
Façade principale
Plan du 1er Étage
Légende
1 Porche
2 Vestibule
3 Billard
4 Salon
5 Salle à manger
6 Cuisine
7 Office
8 Salle de Bains
Suite
9 Dégagements
10 Ch. de Monsieur
11 Ch. de Madame
12 Ch. des Enfants
13 Ch. d'Amis
14 Cabinet de toilette
15 Dégagements
16 Anglaise
Plan du Rez-de-Chaussée
Echelle des Plans
Echelle de la Façade
H. Poulain, Arch. inv.
A. Kauffmann, Arch. del.

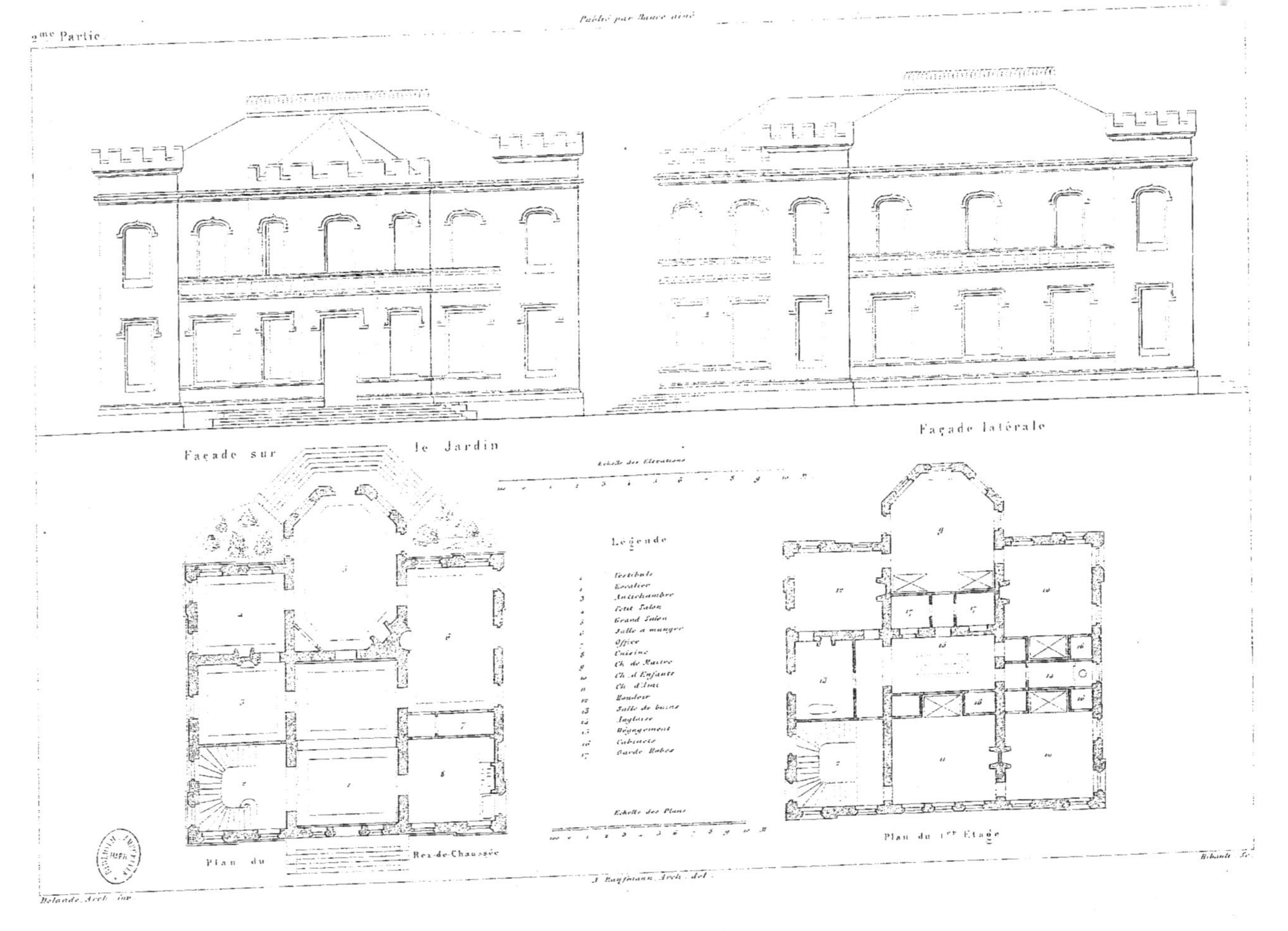
2me Partie
Publié par Bance aîné
Façade sur le Jardin
Façade latérale
Echelle des Elévations
Légende
1 Vestibule
2 Escalier
3 Antichambre
4 Petit Salon
5 Grand Salon
6 Salle à manger
7 Office
8 Cuisine
9 Ch. de Maître
10 Ch. d'Enfants
11 Ch. d'Ami
12 Boudoir
13 Salle de bains
14 Anglaise
15 Dégagement
16 Cabinets
17 Garde Robes
Echelle des Plans
Plan du Rez-de-Chaussée
Plan du 1er Etage
Delande Arch. inv.
J. Kaufmann Arch. del.
Ribault Sc.

Façade

Coupe transversale

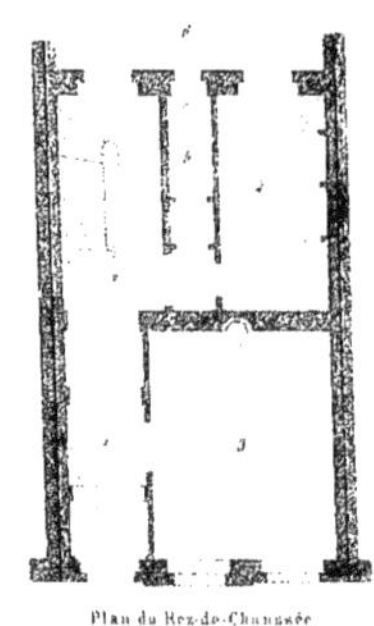

Plan du Rez-de-Chaussée

Légende

1 Vestibule
2 Escalier
3 Salle à manger
4 Cuisine
5 Cabinet d'aisance
6 Cour
7 Salon
8 Chambres à coucher

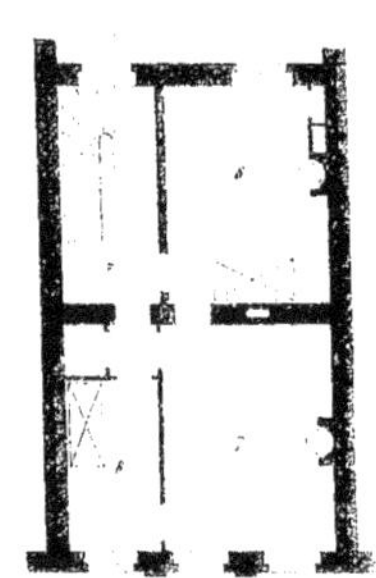

Plan du 1er Etage

Echelle des Elévations / des Plans

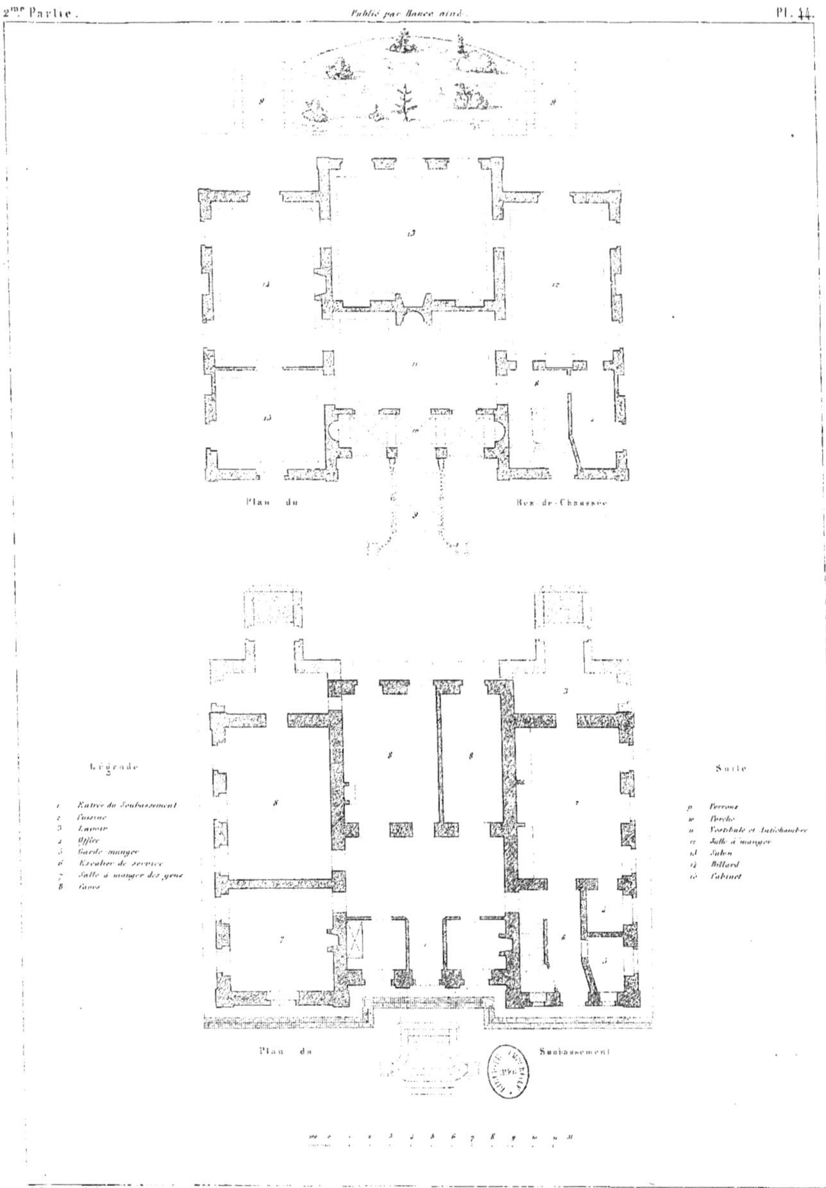
Plan du Rez-de-Chaussée
Légende
1 Entrée du Soubassement
2 Cuisine
3 Lavoir
4 Office
5 Garde-manger
6 Escalier de service
7 Salle à manger des gens
8 Caves
Suite
9 Perrons
10 Porche
11 Vestibule et Antichambre
12 Salle à manger
13 Salon
14 Billard
15 Cabinet
Plan du Soubassement
A. Kauffmann, Arch. del.
Ribault, Sc.

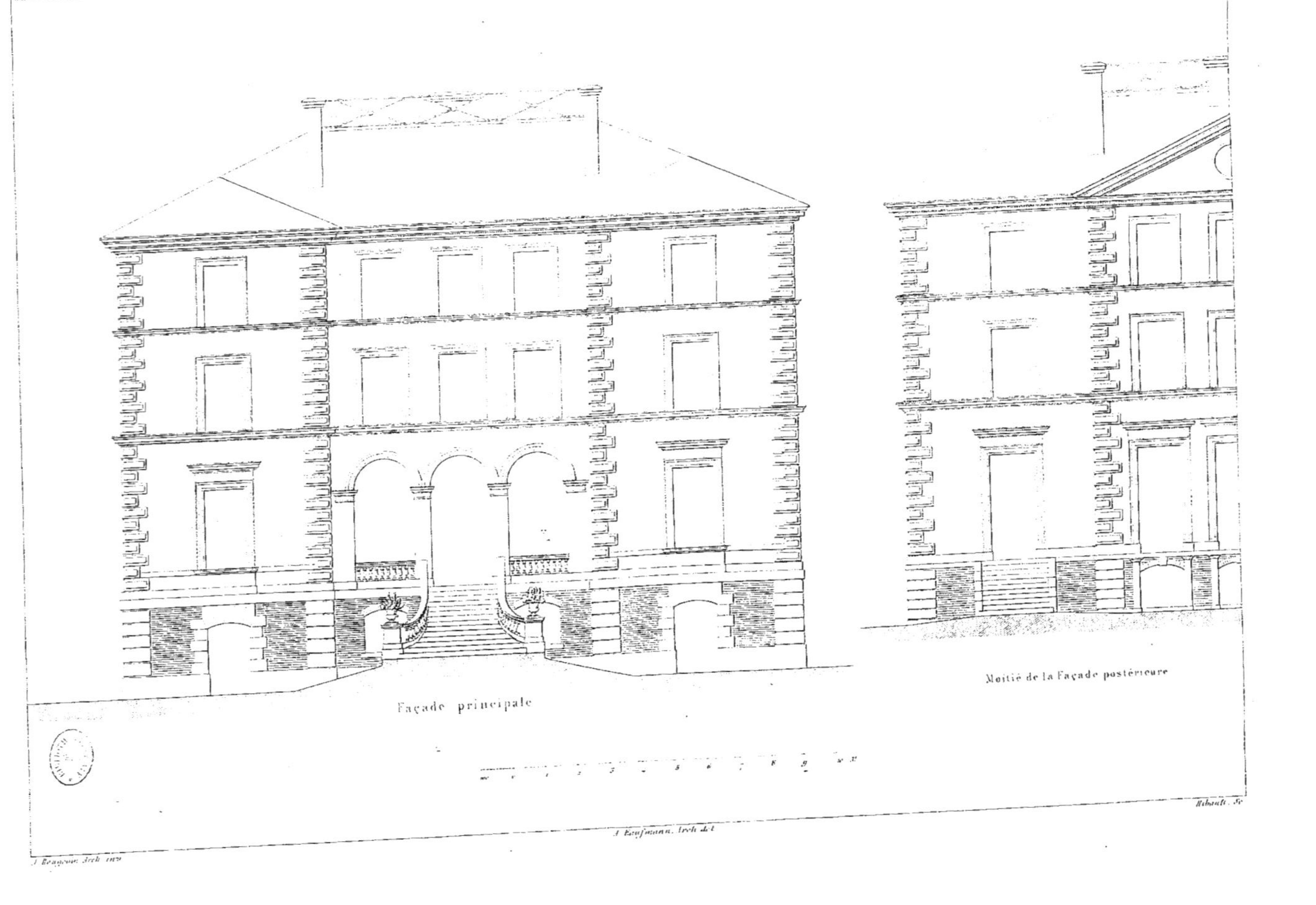
Façade principale
Moitié de la Façade postérieure
J. Kaufmann. Arch. del.
Ribault. Sc.

Publié par Dacé aîné.

Légende

1. Vestibule
2. Cellier
3. Cuisine
4. Office
5. Ch. de Bonne
6. Cabinet d'aisance
7. Vestiaire
8. Salle à manger
9. Garde-manger
10. Salon
11. Cabinets
12. Chambres de Maître
13. Ch. d'Enfant
14. Billard
15. Ch. de domestique

Jouniard Arch. inv. — J. Kaufmann Arch. del. — Ribault Sc.

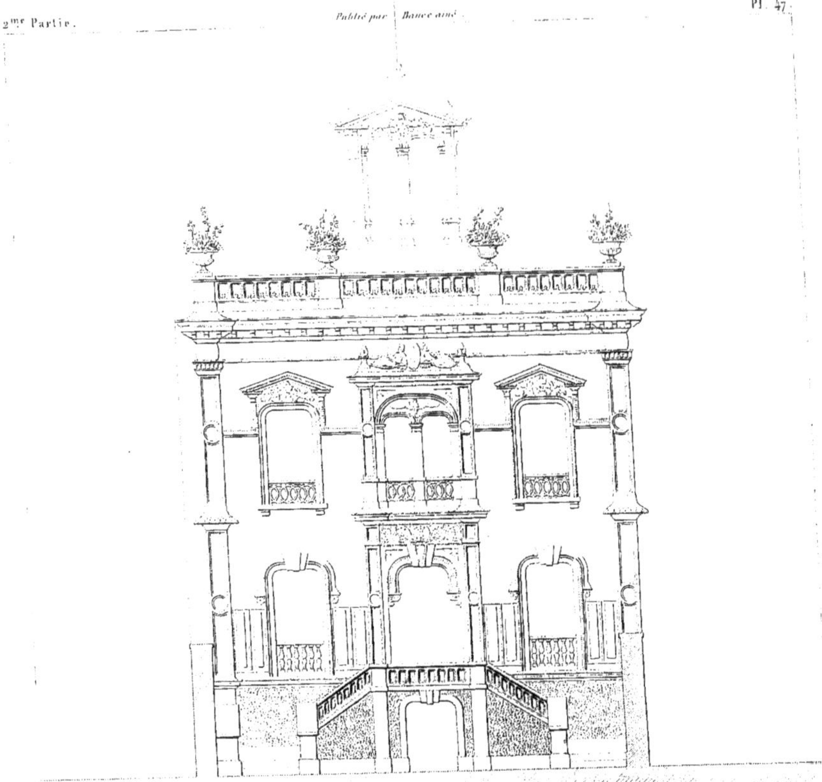

Façade principale

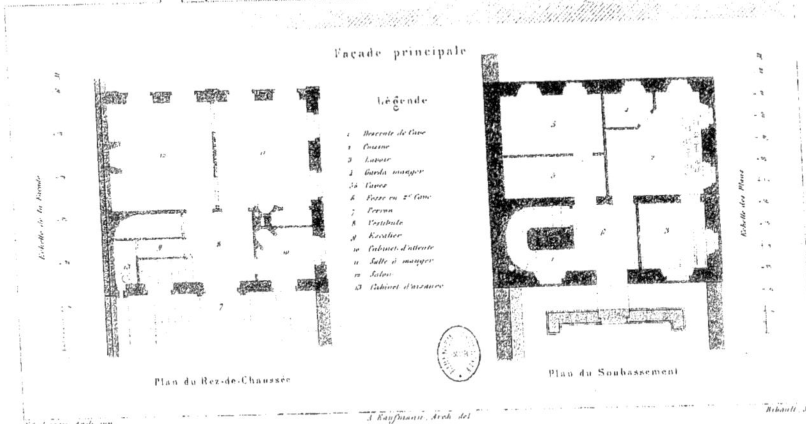

Plan du Rez-de-Chaussée

Plan du Soubassement

Ed. Lussy, Arch. inv. A. Kaufmann, Arch. del. Bénault, Sc.

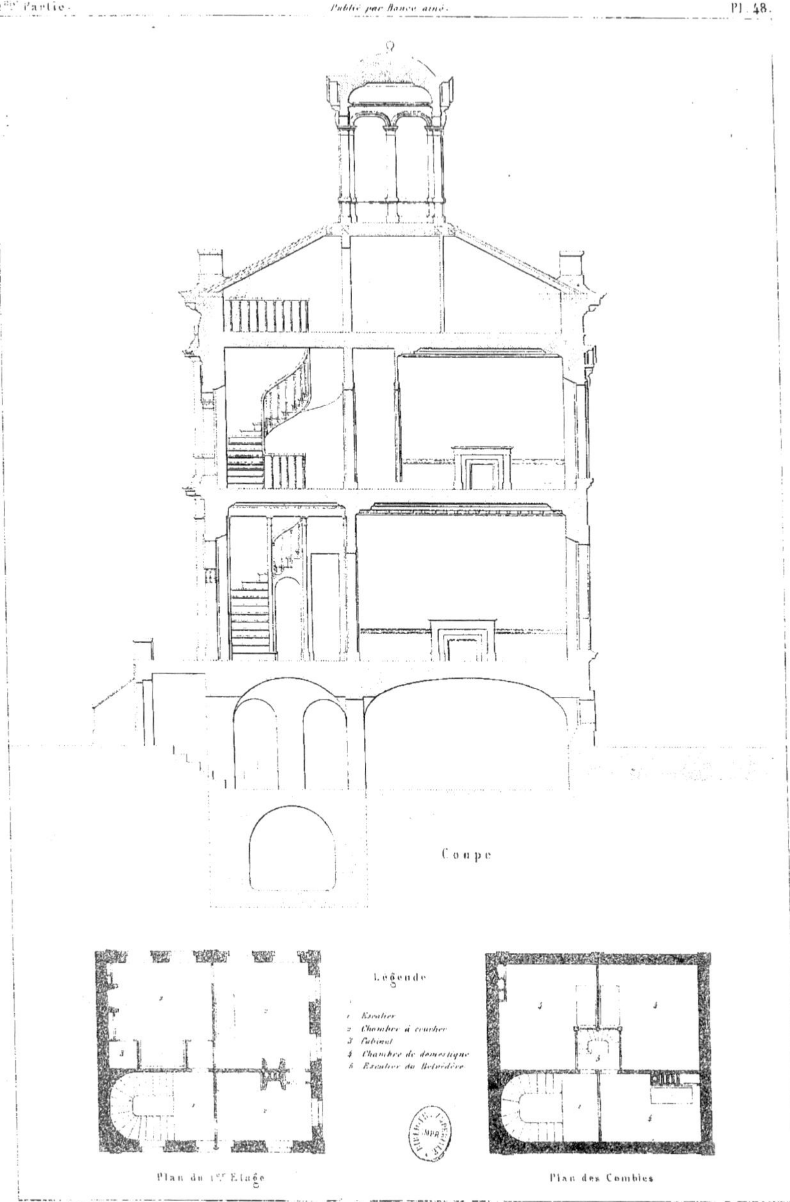

Ed. Lussy Arch. inv. A. Kaufmann, Arch. del. Ribault, Sc.

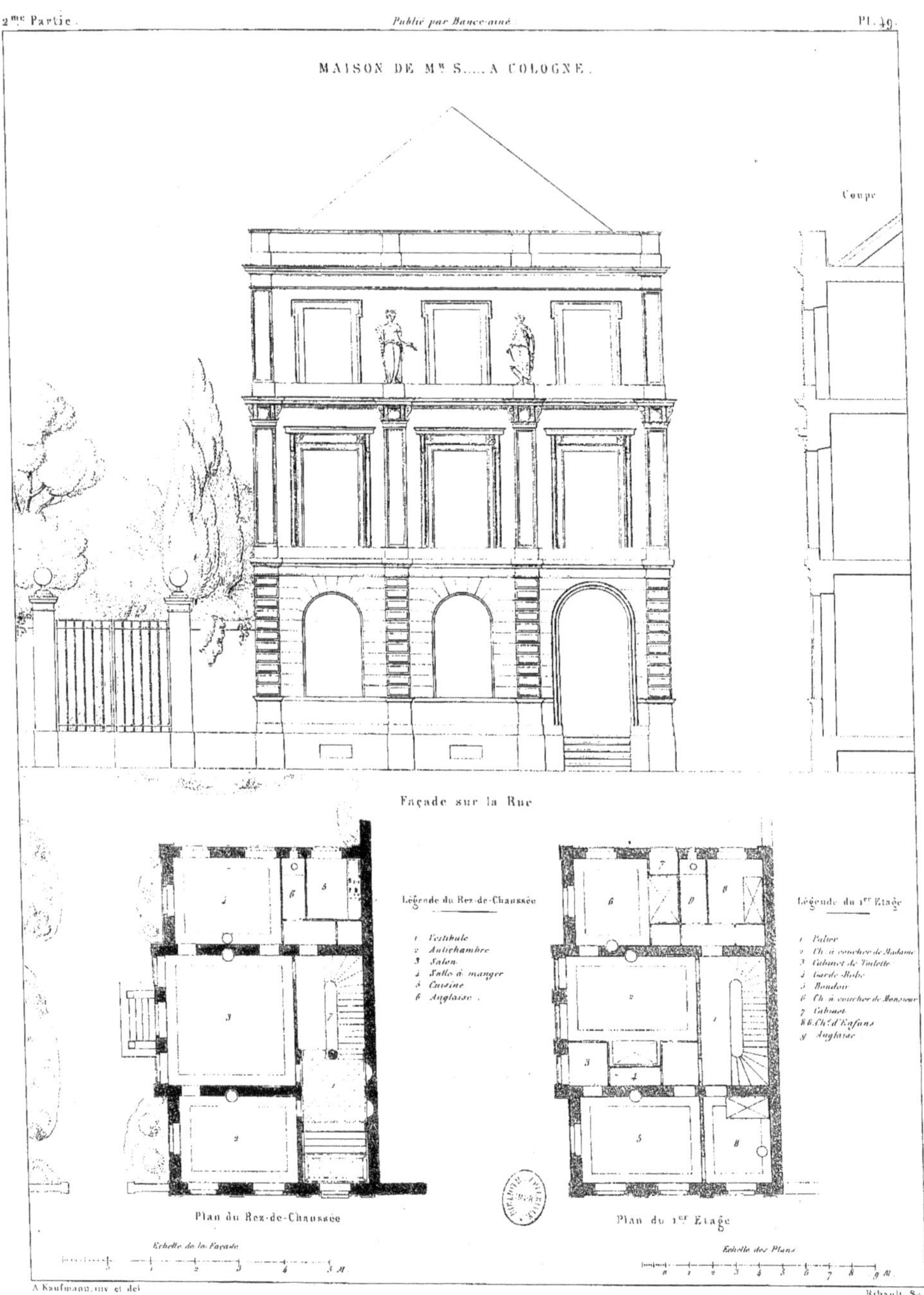

A. Kaufmann, inv. et del. Ribault, Sc.

Détail d'un Pilastre

Détail d'une Croisée

Coupe longitudinale du Vestibule

Coupe Transversale

Façade sur le Jardin

A. Kaufmann, Arch. Ribault, Sc.

MAISON A Mr LEFAURE.

Rue St Lazare, 27.

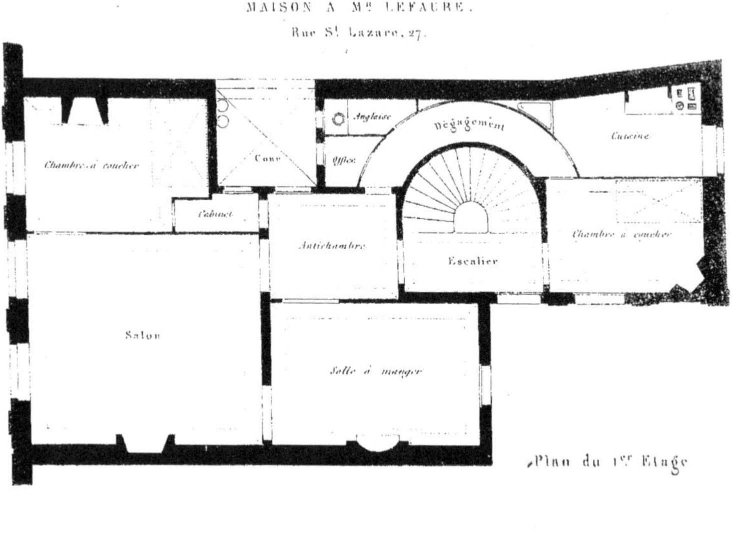

Plan du 1er Etage

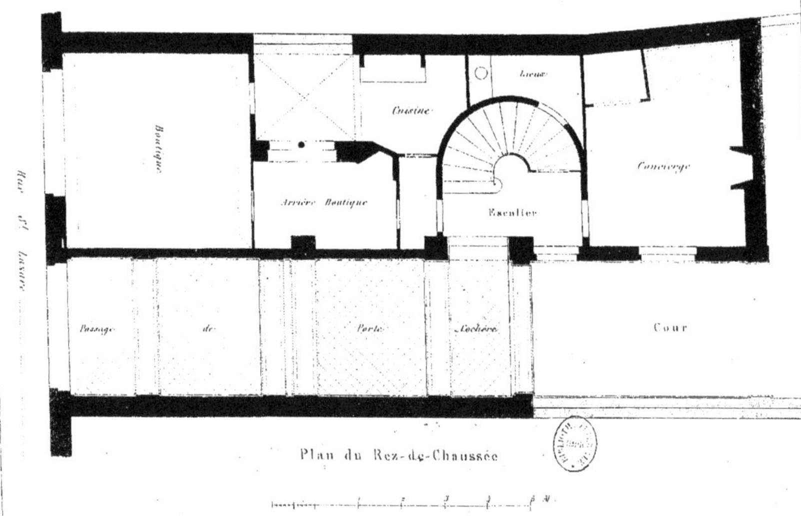

Plan du Rez-de-Chaussée

A. Kaufmann, Arch. inv. et del.

Ribault. Sc.

Façade

A. Kaufmann, Arch. Inv. et del.

Ribault, Sc.

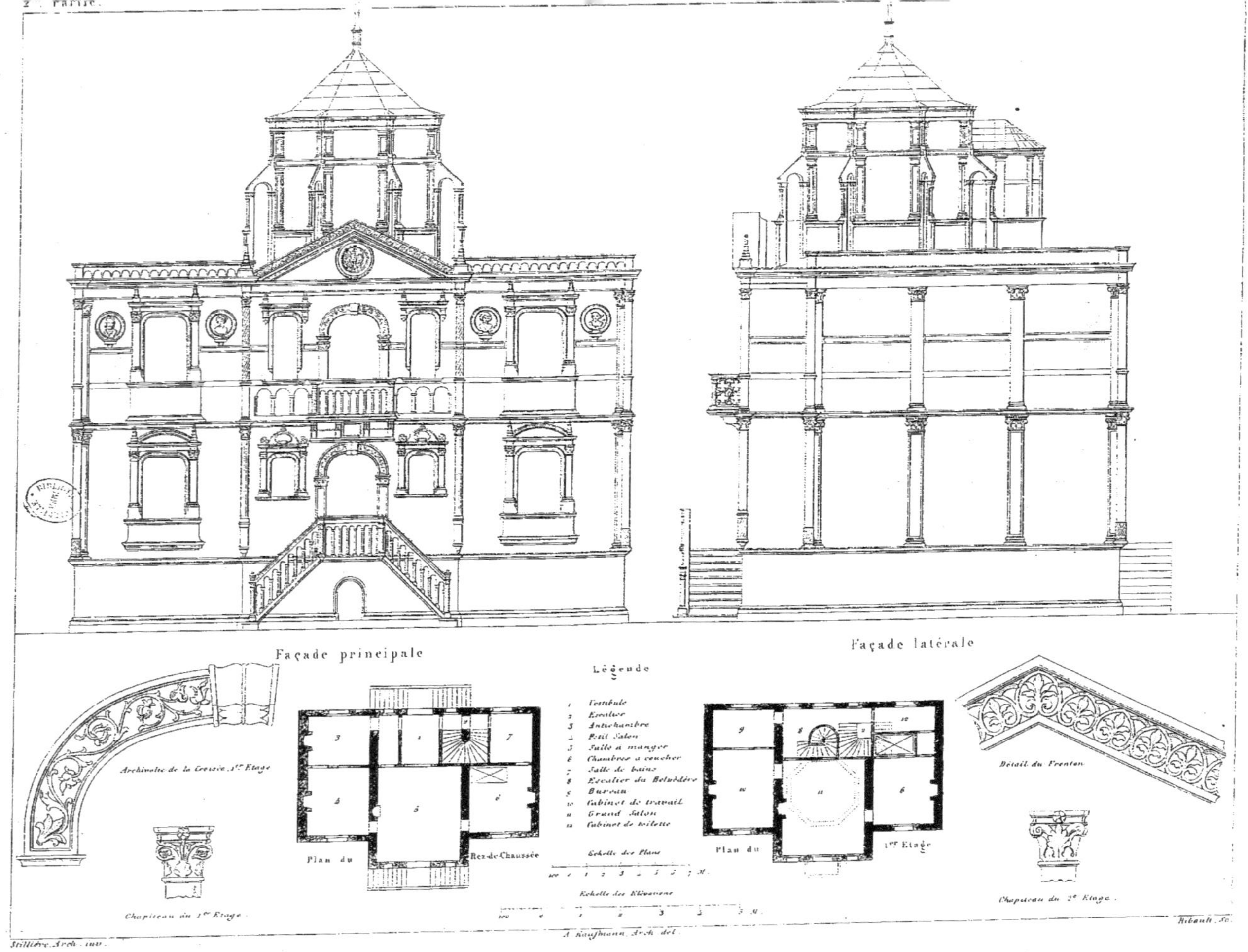
Façade principale
Façade latérale
Légende
1 Vestibule
2 Escalier
3 Antichambre
4 Petit Salon
5 Salle à manger
6 Chambres à coucher
7 Salle de bains
8 Escalier du Belvédère
9 Bureau
10 Cabinet de travail
11 Grand Salon
12 Cabinet de toilette
Archivolte de la Croisée 1er Etage
Chapiteau du 1er Etage
Plan du Rez-de-Chaussée
Échelle des Plans
Échelle des Élévations
Plan du 1er Etage
Détail du Fronton
Chapiteau du 2e Etage
Stillière Arch. inv.
A. Kaufmann Arch. del.
Ribault Sc.

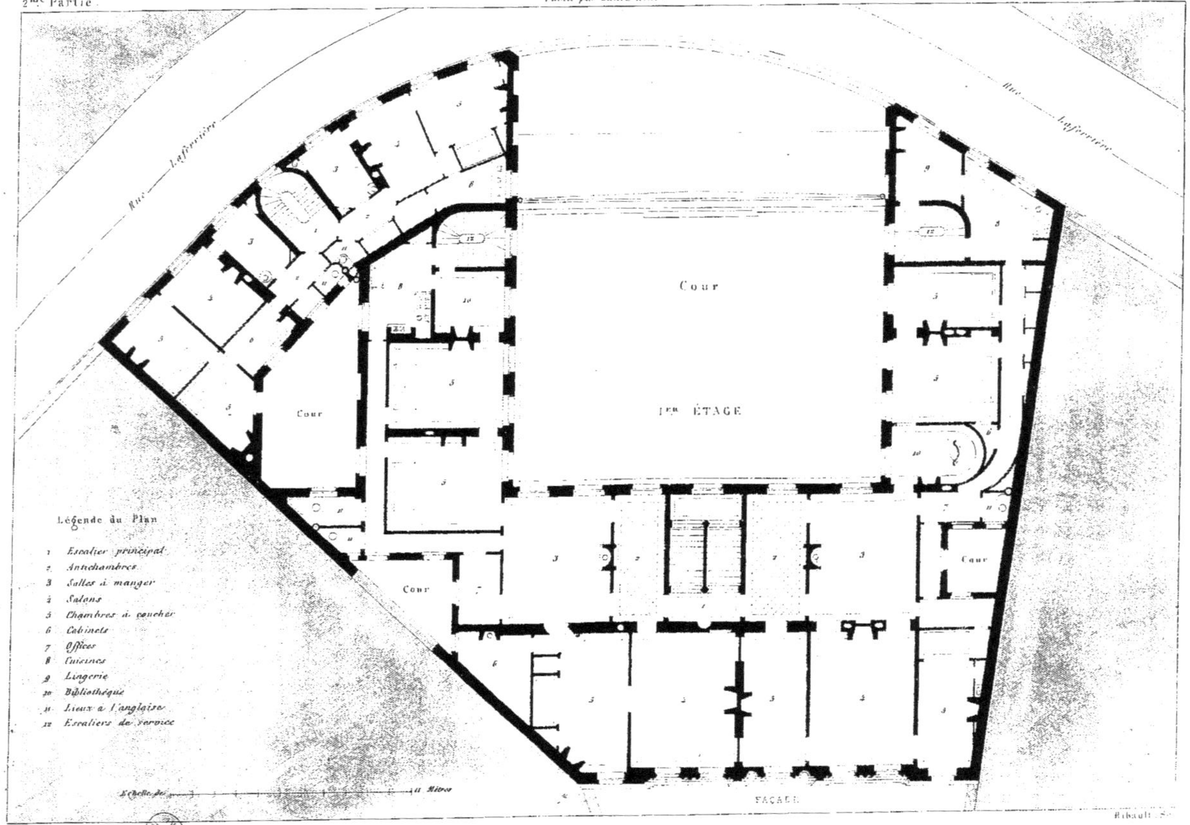

Cour

1er ÉTAGE

Cour

Cour

Cour

Rue Laferrière

FAÇADE

Légende du Plan

1 Escalier principal
2 Antichambres
3 Salles à manger
4 Salons
5 Chambres à coucher
6 Cabinets
7 Offices
8 Cuisines
9 Lingerie
10 Bibliothèque
11 Lieux à l'anglaise
12 Escaliers de service

Echelle de ... 11 Mètres

Ed. Renaud. Arch. 1841 — Ribault Sc.

MAISON PLACE ST GEORGES, 26.

Façade

Echelle de la Façade

1 2 3 4 5 6 7 8 M

Echelle des Détails

1 2 3 4 M

Ed Renaud, Arch. Ribault, Sc

Travée
de Côté au 1er et 2e Etage

Ed. Renaud, Arch. Ribault, del et Sc.

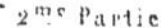

Travée milieu au 2e et 3e Étage

Ed. Renaud, Arch. Ribault del. et Sc.

Porte Cochère,
et Travée milieu au 1er Etage.

Publié par Bance aîné.

Ed Renaud, Arch.

Ribault, Sc.

VUE PERSPECTIVE DU VESTIBULE.

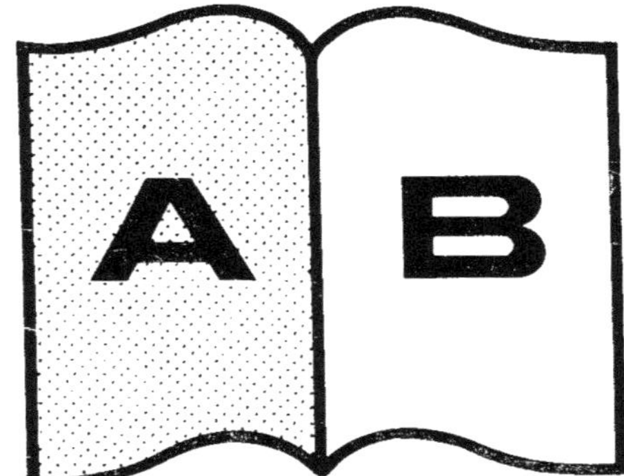
A
B

www.ingramcontent.com/pod-product-compliance
Ingram Content Group UK Ltd.
Pitfield, Milton Keynes, MK11 3LW, UK
UKHW021101200726
13857UKWH00003B/1045